Klaus Leist

Er heilt die gebrochenen Herzen

Klaus Leist

Er heilt die gebrochenen Herzen

Totengebete im Jahreskreis und zu besonderen Anlässen

Imprimatur. Paderbornae, d. 2. m. Septembris
Nr. A 58-21.00.2/812. Vicarius Generalis Alfons Hardt

Bibliografische Information Der Deutschen Bibliothek
Die Deutsche Bibliothek verzeichnet diese Publikation in der Deutschen Nationalbibliografie; detaillierte bibliografische Daten sind im Internet über http://dnb.ddb.de abrufbar.

Umschlagmotiv: Drei Frauen am Grab; Hs 24 f 86v,
Stadtbibliothek/Stadtarchiv Trier; Foto: Anja Runkel

Umschlaggrafik: Christian Knaak, Dortmund

ISBN 978-3-89710-411-2

Gesamtherstellung:
Bonifatius GmbH Druck · Buch · Verlag Paderborn

INHALT

Vorwort 7

SIEHE, DER HERR WIRD KOMMEN
Im Advent 11

DAS LEBEN IST ERSCHIENEN
In der Weihnachtszeit 21

WENN DAS WEIZENKORN NICHT IN
DIE ERDE FÄLLT
In der Fastenzeit 32

ICH BIN DIE AUFERSTEHUNG UND
DAS LEBEN
In der Osterzeit 41

DEINEN GLÄUBIGEN WIRD DAS LEBEN
GEWANDELT
Im Jahreskreis I 52

DIE ZEIT, GOTT ZU BESITZEN,
IST DIE EWIGKEIT
Im Jahreskreis II 63

ICH STERBE NICHT, ICH GEHE INS
LEBEN EIN
Im Jahreskreis III 74

DIE CHÖRE DER ENGEL MÖGEN DICH
GELEITEN
Für ein Kind 84

ICH HABE DICH BEI DEINEM NAMEN GERUFEN
Für Priester/Diakone/Ordensleute 95

GOTT KENNT UNSEREN SCHMERZ
Bei Unfall 106

ICH STEH VOR DIR MIT LEEREN HÄNDEN
Bei Suizid 117

Anmerkungen 127

VORWORT

Im Angesicht des Todes werden viele Menschen sprachlos, weil uns der Tod eines geliebten Menschen ins Zentrum unseres Herzens trifft. In einer solchen Situation suchen und ringen wir nicht nur nach Worten, sondern auch um Menschen, die uns an der Seite stehen, uns trösten, uns ihr Gehör, ihre Anteilnahme und ihre Begleitung schenken und uns Zeugnis davon geben, dass das Leben mit Jesus Christus stärker ist als der Tod. „Die ganze christliche Gemeinde ist Trägerin einer guten Seelsorge beim Leiden, Sterben und Bestatten ihrer Mitchristen."[1] In den Gemeinden gibt es viele Menschen, die diese Aufgabe ernst nehmen und ihr persönliches Charisma einbringen, indem sie für die Verstorbenen und deren Angehörige beten und ihnen damit Trost, Kraft und Hoffnung schenken.

In vielen Gemeinden wurde das Totengebet in Form des Rosenkranzes und anderer traditioneller Gebete gestaltet. Den Rosenkranz alleine verstehen die Menschen heute nicht mehr, vor allem die jüngere Generation kann und wird künftig mit dem Rosenkranz nicht mehr umgehen können und ihn beten, geschweige denn als Bereicherung und als Hilfe verstehen können.

Die pastorale und die gemeindliche Situation haben sich in den letzten Jahren dramatisch verändert und werden sich noch dramatischer verändern. Deswegen ist es von entscheidender Bedeutung, gerade in einer solch sensiblen Situation, nach einer Sprache zu suchen, die die Menschen verstehen und auch sprechen. Hierbei müssen der Tod wie auch das Leben mit der christlichen Botschaft der Auferstehung beim

Namen genannt werden. Den Durchblick für das Leben und auch für die Trostbotschaft mit dem Totengebet zu eröffnen, kann den Menschen unserer Tage das geben, wonach sie suchen und was sie in solchen Situationen, in denen sie an ihre Grenzen geführt sind, für ihr Leben brauchen.
Gott heilt die gebrochenen Herzen und er verbindet die schmerzenden Wunden (Ps 147,3) derer, die der Heilung und des Trostes bedürfen. Er heilt die Herzen der Menschen, die gebrochen waren und im Augenblick des Todes gebrochen sind, und er heilt vor allem auch die gebrochenen Herzen und die Wunden und trocknet die Tränen des Abschiedsschmerzes der Menschen, die um ihre lieben Verstorbenen trauern.

Die elf Modelle auf den folgenden Seiten wollen auf die heutigen Situationen, wie sie in unseren Gemeinden vorkommen, eine Antwort geben und versuchen, diese in eine Sprache zu bringen, die die Menschen von heute verstehen, wobei sie auch traditionelle Gebete einbeziehen. Viele Menschen betreten für das Totengebet nach langer Zeit wieder eine Kirche oder falten ihre Hände zum Gebet. Sie kommen oft aus der Hektik des Alltags und ihres Arbeitstages und hoffen auf eine Antwort der Kirche und der christlichen Gemeinde auf das, was ihnen das Leben durch den Tod eines Familienangehörigen, Freundes, Bekannten oder Nachbarn so schwer macht. Deswegen sind die einzelnen Modelle auch in die jeweilige Zeit des Kirchenjahres einbezogen und schließen sich somit der Verkündigung in dieser Zeit sehr schön an. Es sind Modelle aus der Praxis des gemeindlichen Alltags für die Praxis.
Eine große Bereicherung ist es, wenn die Menschen die Kirche betreten und von einer meditativen Musik empfangen und begrüßt und gegebenenfalls auch

verabschiedet werden. Musik hat immer auch eine heilende Kraft, die trauernde Menschen aufrichten kann. Es hilft den Betenden, wenn sie durch eine entsprechend einladende Musik in das Gebet hinein geführt werden. Diese meditative Musik kann sowohl im Verlauf wie auch am Ende des jeweiligen Gebetsmodells noch ergänzt werden. Musik kann auch als Phase der Stille und der Ruhe den Gesamtablauf bereichern. Das Wort Gottes aus dem Alten oder Neuen Testament und das Psalmengebet sollen den Reichtum der biblischen Trostbotschaft verkünden. Auch die Kraftquellen des gemeinsamen Gebetes wie eines Rosenkranzgesätzes, der Fürbitten und der Trostgedanken sowie des Segensgebetes mögen helfen, die Zeit des Trauerns und des Abschiednehmens als eine wichtige und wertvolle Zeit zu erschließen und sie zu bestehen.

Das Modell im Jahreskreis III ist für solche Angehörigen und Beter gedacht, von denen man im Vorfeld schon weiß, dass sie lange Zeit keine kirchliche Praxis mehr hatten und nicht mitbeten werden. Ihnen ist es eine besonders wertvolle Hilfe, wenn sie die christliche Botschaft und Gebete hören, die sie verstehen und trösten können.

Mögen diese Gebetsmodelle in die Sprache und in die Herzen der Menschen bringen, dass sie an das neue und unzerstörbare Leben glauben können, weil wir in Jesus Christus „einen großen Erlöser haben, der sich um unseretwillen in die Nacht des Todes gebeugt und so den Weg in die Fülle des Lebens eröffnet hat."[2]

Sehr herzlich danke ich den Lektorinnen in meinen beiden Pfarrgemeinden Holz und Kutzhof, die schon über viele Jahre für die Verstorbenen beten und mir für die einzelnen Modelle wertvolle und praktische Hinweise gegeben haben, sowie Frau Ilona Engel, die alle Beiträge Korrektur gelesen hat.

Holz, am Hochfest der Apostel Petrus und Paulus 2008

Klaus Leist

SIEHE, DER HERR WIRD KOMMEN

Wir beten für unsere Verstorbenen im Advent

Vorbeter(in)

Im Namen des Vaters und des Sohnes und des Heiligen Geistes.

Alle: Amen.

Einleitungsworte des/der Vorbeters(-in)

Wir haben uns in dieser adventlichen Abendstunde hier in unserer Kirche versammelt, um für unsere(n) verstorbene(n) Schwester/Bruder ... zu beten. Unsere Herzen sind in dieser Stunde schwer und wir trauern und weinen um unsere(n) liebe(n) Verstorbene(n), die/der nun ihren/seinen Advent hinter sich hat und Gott in seiner ganzen Herrlichkeit schauen darf.
Im Advent warten wir auf die Ankunft Jesu Christi in unsere Welt und in unsere Zeit. „Der Advent lädt uns ein, unseren Blick auf das ‚himmlische Jerusalem' zu richten, das das endgültige Ziel unserer irdischen Pilgerreise ist."[3] So ist unser ganzes Leben Advent, in dem wir auf die sichtbare Begegnung mit Jesus warten und ihr entgegengehen, denn der Herr wird auch in unser Leben kommen. Die Adventszeit unseres Lebens ist Gottes Geschenk an uns, die wir zur Vorbereitung nutzen sollen. Die adventlichen Lichter, die uns in diesen Tagen auf den Straßen und

in den Häusern begegnen, sollen uns ein Zeichen der Wachsamkeit, aber auch ein Zeichen der Hoffnung und des Trostes sein. Die Kerzen auf unserem Adventskranz und das Grün, das unseren Adventskranz schmückt, wollen in uns diese Hoffnung wecken und stärken. So wie diese Lichter mit ihrem schwachen Glanz die Dunkelheit zu erhellen vermögen, so kann das Licht, das Gott uns in Jesus Christus schenkt, auch alle unsere menschlichen Dunkelheiten erhellen und erleuchten. Der immergrüne Kranz will uns deutlich machen, dass auch in aller Not, in allem Elend und aller Aussichtslosigkeit das Leben siegen wird. So symbolisiert der Adventskranz das Siegeszeichen des Lebens. Die Sehnsucht der Menschen nach Heil, nach Frieden und geglücktem Leben ist in diesen Tagen besonders groß, weil so vieles unheilvoll und unvollkommen ist in unserer Welt.
Das Leben unserer/unseres Schwester/Bruders ... in dieser Welt und in dieser Zeit ist zu Ende und ihr/sein Warten hat sich erfüllt in der Ankunft bei Gott. Sie/Er hat Jesus, das Licht der Welt und den Heiland aller Völker, nun für immer gefunden.
Symeon, der Theologe, schreibt einmal:

Dein Licht, das mich bestrahlt, o Christus,
weckt das Leben.
Denn dich zu schaun,
heißt Rückkehr in das Leben,
heißt von den Toten auferstehn.
Was mir dein Bild gebracht, ist unaussprechlich.
Doch das weiß ich gewiss und kenne es:
Ob mich nun Bande, Hunger und Gefängnis fesseln,
oder gar schwere Beschwerden mich beschweren:
Erstrahlt dein Licht, wird alles mir
wie Finsternis vertrieben und verscheucht.
In Ruhe und im Licht und in des Lichts Genießen

seh ich mich plötzlich hingestellt
durch deinen Gottesgeist.

So wollen wir uns Gott zuwenden und ihm unseren Schmerz und unsere Trauer anvertrauen.

Gebet

Herr, unser Gott, du hast uns diesen Advent wiederum geschenkt, um uns auf die Ankunft deines Sohnes vorzubereiten. Inmitten dieser so hoffnungsvollen und frohen Zeit haben sich Tod, Trauer, Schmerz und Tränen in unser Leben gelegt.
Du bist der Gott des Lebens, auch unseres Lebens, und du sprichst den Verzagten Mut zu und tröstest die Trauernden. Du selber wirst kommen, um alle Menschen zu erretten und zu erlösen. Erlöse auch uns aus unserer Not und Verzweiflung und schenke uns das Licht, das unser Leben erhellen kann. Unsere Freude auf Weihnachten ist getrübt und wir beklagen den Tod unserer(s) lieben Verstorbenen. Tröste uns und schenke uns in diesen Tagen jenen Trost, der unsere Trauer in Freude und unser Leid in Hoffnung verwandeln kann. Und so rufen wir zu dir: Maranatha, komm, Herr!

Gemeinsames Gebet *(nach Jes 35)*

V: Siehe, kommen wird der Herr. Er wird sein Volk erlösen; machtvoll schallt sein Ruf.

A: Siehe, kommen wird der Herr. Er wird sein Volk erlösen; machtvoll schallt sein Ruf.

V: Wüste und Öde sollen sich freuen,*
die Steppe soll jubeln und blühen.

A: Bedeckt mit Blumen soll sie üppig blühen*
und jubeln, ja jubeln und jauchzen.

V: Mein Volk wird schauen die Herrlichkeit
des Herrn* und die Schönheit unseres Gottes.

A: Stärkt die schlaffen Hände,*
festigt die wankenden Knie.

V: Sprecht zu den Verzagten:*
Seid stark, fürchtet euch nicht.

A: Seht da, euer Gott!*
Er selbst wird kommen und euch retten.

V: Dann werden die Augen der Blinden aufgetan,*
die Ohren der Tauben öffnen sich.

A: Dann springt der Lahme wie ein Hirsch,*
die Zunge des Stummen jubelt.

V: Die vom Herrn Befreiten kehren heim.
Sie kommen nach Zion mit Jubel;*
auf ihrem Gesicht ewige Freude.

A: Wonne und Freude kehren ein,*
Kummer und Seufzer entfliehen.

V: Ehre sei dem Vater und dem Sohn*
und dem Heiligen Geist.

A: Wie im Anfang so auch jetzt und alle Zeit*
und in Ewigkeit. Amen.

A: Siehe, kommen wird der Herr. Er wird sein Volk
erlösen; machtvoll schallt sein Ruf.

Wir hören aus dem alttestamentlichen Buch Jesaja

Tröstet, tröstet mein Volk, spricht euer Gott. Redet Jerusalem zu Herzen und verkündet der Stadt, dass

ihr Frondienst zu Ende geht, dass ihre Schuld beglichen ist; denn sie hat die volle Strafe erlitten von der Hand des Herrn für all ihre Sünden.
Eine Stimme ruft: Bahnt für den Herrn einen Weg durch die Wüste! Baut in der Steppe eine ebene Straße für unseren Gott! Jedes Tal soll sich heben, jeder Berg und Hügel sich senken. Was krumm ist, soll gerade werden, und was hüglig ist, werde eben. Dann offenbart sich die Herrlichkeit des Herrn, alle Sterblichen werden sie sehen. Ja, der Mund des Herrn hat gesprochen. Steig auf einen hohen Berg, Zion, du Botin der Freude! Erheb deine Stimme mit Macht, Jerusalem, du Botin der Freude! Erheb deine Stimme, fürchte dich nicht! Sag den Städten in Juda: Seht, da ist euer Gott.
Seht, Gott der Herr, kommt mit Macht, er herrscht mit starkem Arm. Seht, er bringt seinen Siegespreis mit: Alle, die er gewonnen hat, gehen vor ihm her. Wie ein Hirt führt er seine Herde zur Weide, er sammelt sie mit starker Hand. Die Lämmer trägt er auf dem Arm, die Mutterschafe führt er behutsam. *(Jes 40,1-5.9-11)*

Augenblick der Stille

In einem Augenblick der Stille wollen wir uns Zeit nehmen, um über diese Worte nachzudenken und unsere(n) liebe Verstorbene(n) Gott anempfehlen und uns selber mit diesem Wort des Adventspropheten Jesaja trösten lassen.

Gesätz vom Rosenkranz

Auch Maria hat ihren Advent hinter sich. Auf ihre Fürsprache wenden wir uns an Jesus, den Mensch gewordenen Sohn Gottes, der uns durch seinen Tod und seine Auferstehung das ewige Leben erworben hat.

Wir bekennen miteinander unseren Glauben

Ich glaube an Gott, den Vater, den Allmächtigen, den Schöpfer des Himmels und der Erde, und an Jesus Christus, seinen eingeborenen Sohn, unseren Herrn, empfangen durch den Heiligen Geist, geboren von der Jungfrau Maria, gelitten unter Pontius Pilatus, gekreuzigt, gestorben und begraben, hinabgestiegen in das Reich des Todes, am dritten Tage auferstanden von den Toten, aufgefahren in den Himmel; er sitzt zur Rechten Gottes, des allmächtigen Vaters; von dort wird er kommen zu richten die Lebenden und die Toten.
Ich glaube an den Heiligen Geist, die heilige katholische Kirche, Gemeinschaft der Heiligen, Vergebung der Sünden, Auferstehung der Toten und das ewige Leben. Amen.

V: Vater unser im Himmel, geheiligt werde dein Name, dein Reich komme, dein Wille geschehe, wie im Himmel so auf Erden.

A: Unser tägliches Brot gib uns heute und vergib uns unsere Schuld, wie auch wir vergeben unseren Schuldigern, und führe uns nicht in Versuchung, sondern erlöse uns von dem Bösen.
Denn dein ist das Reich und die Kraft und die Herrlichkeit in Ewigkeit. Amen.

V: Gegrüßet seist du, Maria, voll der Gnade, der Herr ist mit dir, du bist gebenedeit unter den Frauen und gebenedeit ist die Frucht deines Leibes, Jesus, *den du, o Jungfrau, zu Elisabeth getragen hast.*

A: Heilige Maria, Mutter Gottes, bitte für uns Sünder, jetzt und in der Stunde unseres Todes. Amen.

V: Ehre sei dem Vater und dem Sohn*
und dem Heiligen Geist.

A: Wie im Anfang so auch jetzt und alle Zeit*
und in Ewigkeit. Amen.

Trostgedanken

Lassen wir uns mit adventlichen Gedanken Trost schenken, den wir in dieser Stunde und in diesen Tagen so notwendig brauchen:

Gott, heil'ger Schöpfer aller Stern',
erleucht uns, die wir sind so fern,
dass wir erkennen Jesus Christ,
der für uns Mensch geworden ist.

Denn es ging dir zu Herzen sehr,
da wir gefangen waren schwer
und sollten gar des Todes sein;
drum nahmst du auf dich Schuld und Pein.

Da sich die Welt zum Abend wandt'
der Bräut'gam Christus ward gesandt.
Aus seiner Mutter Kämmerlein
ging er hervor als klarer Schein.

Gezeigt hat er sein' groß Gewalt,
dass es in aller Welt erschallt,
sich beugen müssen alle Knie
im Himmel und auf Erden hie.

Wir bitten dich, o heil'ger Christ,
der du zukünftig Richter bist,
lehr uns zuvor dein' Willen tun
und nehmen an dem Glauben zu.

Lob, Preis sei, Vater deiner Kraft
und deinem Sohn, der all' Ding' schafft,
dem heil'gen Tröster auch zugleich
so hier wie dort im Himmelreich. Amen.

Fürbitten

Herr, unser Gott, wir glauben, dass du machtvoll in diese Welt kommen wirst, um uns zu erlösen. In dieser Stunde unserer Trauer und unserer Hilfsbedürftigkeit beten wir zu dir:

Für unsere(n) verstorbene(n) Schwester/Bruder ..., die/den du in dein Reich aufgenommen hast. Schenke ihr/ihm die ewige Erlösung. Herr, unser Gott.

Für die Angehörigen und für alle, die um die/den Verstorbene(n) trauern und weinen. Gib ihnen deinen Trost, den diese Welt nicht geben kann. Herr, unser Gott.

Für die Menschen, die dieser Tod besonders schmerzt und deren Leben aus der Bahn geworfen ist. Stärke in ihnen den Glauben an das ewige Leben in deiner Herrlichkeit. Herr, unser Gott.

Für alle, die sich der Kranken und Sterbenden in Fürsorge und Liebe annehmen und sie pflegen. Lohne ihnen ihre Dienste mit deiner Güte und deinem Segen. Herr, unser Gott.

Für uns selber. Lass uns diese Tage des Advents nicht von der Hektik und dem Getriebe der Welt bestimmen, sondern gib unserem Leben eine Tiefe. Herr, unser Gott.

Gott unseres Lebens. Unsere Welt und unser Leben liegen allein in deinen guten Händen. Wir haben uns dir anvertraut und hoffen, du erhörst uns, damit wir leben können und dich preisen in alle Ewigkeit.

Vaterunser

Beten wir nun miteinander das Gebet, das der Herr uns selber zu beten gelehrt hat: Vater unser …

Gemeinsames Schlussgebet

V: Herr, du bist nicht ein Gott der Toten, sondern lebendiger Menschen. In dir leben alle, die du zu dir gerufen hast.

A: Wir denken an alle, die wir geliebt haben, an alle, mit denen wir zusammengelebt haben. Was uns verbindet, ist deine Liebe und Güte, mit der du sie und uns liebst.

V: Wir denken in dieser Stunde an sie, in der wir vor dir stehen. Kein Weg führt zu ihnen oder von ihnen zu uns außer dem Weg zu dir und von dir, der Weg von der Erde zum Himmel.

A: In dir sind wir mit ihnen in Liebe verbunden. Dir danken wir, dass du ihre Namen in deine Hand geschrieben hast und sie nun für immer bei dir leben dürfen.

Segensgebet

V: Der barmherzige Gott hat im Kommen seines Sohnes Jesus Christus diese Welt verändert.

A: Er segne und heilige uns durch das adventliche Licht seiner Gnade, damit wir unseren Weg durch diese Zeit der Trauer und der Tränen gehen können.

V: Er segne und heilige uns durch das adventliche Licht seiner Gnade, damit wir Trost finden im lebendigen Glauben an das ewige Leben.

A: Er segne und heilige uns durch das adventliche Licht seiner Gnade, damit wir die Hoffnung nicht verlieren und unser Glaube an die Auferstehung gestärkt wird.

V: So segne und heilige uns der allmächtige und gütige Gott: Der Vater und der Sohn und der Heilige Geist.

A: Amen.

V: Lasst uns nun miteinander gehen in Frieden.

A: Dank sei Gott, dem Herrn.

DAS LEBEN IST ERSCHIENEN

Wir beten für unsere Verstorbenen in der Weihnachtszeit

Vorbeter(in)
Im Namen des Vaters und des Sohnes und des Heiligen Geistes.

Alle: Amen.

Einleitungsworte des/der Vorbeters(-in)

In diesen weihnachtlichen Tagen ist unser Herz schwer. Wir trauern und weinen um unsere(n) liebe(n) Verstorbene(n), Frau/Herrn ..., die/den Gott zu sich gerufen hat. Wir sind zusammengekommen, um ihr/sein Leben dem Herrn anzuvertrauen. Das Geheimnis der Weihnacht ist zugleich auch das Geheimnis des Lebens. Gott schenkt in der Geburt seines Sohnes dieser Welt das Leben, das sich im österlichen Geheimnis, nämlich in Tod und Auferstehung Jesu, vollendet. Gott nimmt also nicht Leben, sondern er schenkt es uns in einer ganz neuen Weise. Im Glauben können wir dieses Lebensgeheimnis erschließen und verstehen.
Die Botschaft und das Wunder von Weihnachten dürfen wir Christen niemals verstummen lassen, denn sonst sind wir heillos, sind wir uns selber überlassen und ausgeliefert, sonst sind wir verloren. Diese wunderbare Botschaft ist uns geschenkt, weil sie für unser Leben wichtig ist, ja, sie ist für diese Welt und für die gesamte Menschheit lebenswichtig, denn

ohne die Geburt Jesu Christi und seine uneingeschränkte Identifikation mit uns Menschen können wir nicht leben. Die weihnachtliche Botschaft ist eine Botschaft des Lebens, so wie jede Geburt eines Kindes eine Botschaft des Lebens ist, obwohl wir wissen, dass es auch einmal sterben wird. Lassen wir diese Botschaft auch in dieser Stunde in unsere Herzen hinein, ja, tragen wir sie in unseren Herzen, denn die Weihnachtsbotschaft ist eine Botschaft des Lebens wider allen Tod und alle Hoffnungslosigkeit. Im weihnachtlichen Geschehen entdecken wir ein Wunder, das Weihnachtswunder: Gott ist Mensch geworden und hat uns eine unverwechselbare Würde geschenkt, die uns selbst der Tod nicht mehr nehmen kann. Deswegen brauchen wir uns nicht mehr zu fürchten und keine Angst mehr zu haben. Der Theologe Karl Rahner hat es in einem Gebet so formuliert:

> Ich bin in deiner Not, denn ich habe sie selbst erlitten.
> Ich bin in deinem Tod, denn heute, als ich geboren wurde,
> begann ich mit dir zu sterben.
> Ich gehe nicht mehr weg von dir:
> Was immer dir geschieht,
> durch welches Dunkel dein Weg dich auch führen mag,
> glaube, dass ich da bin.
> Glaube, dass meine Liebe unbesiegbar ist.

So möge diese weihnachtliche Abendstunde auch unseren Glauben an das Leben stärken, in das nun unser(e) verstorbene(r) Schwester/Bruder … für immer eingetreten ist.

Öffnen wir unsere Herzen und lassen wir uns von Gottes Erbarmen beschenken

Herr Jesus Christus, du hast mit deinem Licht die Herzen der Menschen erleuchtet.
Herr, erbarme dich.

A: Herr, erbarme dich.

Du bist die Hoffnung der Welt, die unserem traurigen Leben neuen Mut schenken kann.
Christus, erbarme dich.

A: Christus, erbarme dich.

Du bist der Erlöser der Menschen, der unser Leben vollendet.
Herr, erbarme dich.

A: Herr, erbarme dich.

Legen wir unsere Hände ineinander, wenden wir uns Gott zu und beten wir zu ihm, der uns jetzt seinen Trost schenken will.

Gemeinsames Psalmengebet *(Ps 72)*

V: Seht, unser König kommt; er bringt seinem Volk den Frieden.

A: Seht, unser König kommt; er bringt seinem Volk den Frieden.

V: Verleih dein Richteramt, o Gott, dem König,*
dem Königssohn gib dein gerechtes Walten!

A: Er regiere dein Volk in Gerechtigkeit*
und deine Armen durch rechtes Urteil.

V: Dann tragen die Berge Frieden für das Volk*
und die Höhen Gerechtigkeit.

A: Er wird Recht verschaffen den Gebeugten
im Volk, /
Hilfe bringen den Kindern der Armen,*
er wird die Unterdrücker zermalmen.

V: Er soll leben, solange die Sonne bleibt und
der Mond,*
bis zu den fernsten Geschlechtern.

A: Er ströme wie Regen herab auf die Felder,*
wie Regenschauer, die die Erde benetzen.

V: Die Gerechtigkeit blühe auf in seinen Tagen,*
und großer Friede, bis der Mond nicht mehr
da ist.

A: Er herrsche von Meer zu Meer,*
vom Strom bis an die Enden der Erde.

V: Ehre sei dem Vater und dem Sohn*
und dem Heiligen Geist.

A: Wie im Anfang so auch jetzt und alle Zeit*
und in Ewigkeit. Amen.

A: Seht, unser König kommt; er bringt seinem Volk
den Frieden.

Aus dem ersten Johannesbrief

Liebe Schwestern und Brüder!
Wer sonst besiegt die Welt, außer dem, der glaubt, dass Jesus der Sohn Gottes ist?
Dieser ist es, der durch Wasser und Blut gekommen ist: Jesus Christus. Er ist nicht nur im Wasser gekommen, sondern im Wasser und im Blut. Und der

Geist ist es, der Zeugnis ablegt; denn der Geist ist die Wahrheit.
Drei sind es, die Zeugnis ablegen: der Geist, das Wasser und das Blut; und diese drei sind eins.
Wenn wir von Menschen ein Zeugnis annehmen, so ist das Zeugnis Gottes gewichtiger; denn das ist das Zeugnis Gottes: Er hat Zeugnis abgelegt für seinen Sohn.
Wer an den Sohn Gottes glaubt, trägt das Zeugnis in sich.
Wer Gott nicht glaubt, macht ihn zum Lügner, weil er nicht an das Zeugnis glaubt, das Gott für seinen Sohn abgelegt hat.
Und das Zeugnis besteht darin, dass Gott uns das ewige Leben gegeben hat; und dieses Leben ist in seinem Sohn.
Wer den Sohn hat, hat das Leben; wer den Sohn Gottes nicht hat, hat das Leben nicht.
Dies schreibe ich euch, damit ihr wisst, dass ihr das ewige Leben habt; denn ihr glaubt an den Namen des Sohnes Gottes.
(1 Joh 5,5-13)

Augenblick der Stille

Wir haben Gottes Wort gehört, das uns in dieser Stunde ein Trost und die Ermutigung zum Leben sein will. Gott hat uns das ewige Leben gegeben und uns in der Taufe zu diesem Leben berufen. Denken wir in Stille an unsere(n) liebe(n) verstorbene(n) Schwester/Bruder und beten wir mit unseren eigenen Worten in Stille für sie/ihn.

Gesätz vom Rosenkranz

Maria hat uns den Heiland und den Erlöser der Menschen geboren. Gott hat uns seinen Sohn geschenkt, damit er uns einmal durch sein Leiden und seinen Tod das ewige Leben schenken wird. Maria hatte ihren toten Sohn auf ihrem Schoß liegen und so das Leid der Welt mit uns Menschen geteilt. An sie dürfen wir uns in unserer Trauer und in unserem Leid wenden und zu ihr beten.

Wir bekennen miteinander unseren Glauben

Ich glaube an Gott, den Vater, den Allmächtigen, den Schöpfer des Himmels und der Erde, und an Jesus Christus, seinen eingeborenen Sohn, unseren Herrn, empfangen durch den Heiligen Geist, geboren von der Jungfrau Maria, gelitten unter Pontius Pilatus, gekreuzigt, gestorben und begraben, hinabgestiegen in das Reich des Todes, am dritten Tage auferstanden von den Toten, aufgefahren in den Himmel; er sitzt zur Rechten Gottes, des allmächtigen Vaters; von dort wird er kommen zu richten die Lebenden und die Toten. Ich glaube an den Heiligen Geist, die heilige katholische Kirche, Gemeinschaft der Heiligen, Vergebung der Sünden, Auferstehung der Toten und das ewige Leben. Amen.

V: Vater unser im Himmel, geheiligt werde dein Name, dein Reich komme, dein Wille geschehe, wie im Himmel so auf Erden.

A: Unser tägliches Brot gib uns heute und vergib uns unsere Schuld, wie auch wir vergeben unseren Schuldigern, und führe uns nicht in Versuchung, sondern erlöse uns von dem Bösen.

Denn dein ist das Reich und die Kraft und die Herrlichkeit in Ewigkeit. Amen.

V: Gegrüßet seist du, Maria, voll der Gnade, der Herr ist mit dir, du bist gebenedeit unter den Frauen und gebenedeit ist die Frucht deines Leibes, Jesus, *den du, o Jungfrau, geboren hast.*

A: Heilige Maria, Mutter Gottes, bitte für uns Sünder, jetzt und in der Stunde unseres Todes. Amen.

V: Ehre sei dem Vater und dem Sohn*
und dem Heiligen Geist.

A: Wie im Anfang so auch jetzt und alle Zeit*
und in Ewigkeit. Amen.

Gemeinsames Gebet

V: Sei hier zugegen, Licht unseres Lebens.
Sei hier zugegen in unserer Mitte,
lös unsere Blindheit, dass wir dich sehen.
Mach unsere Sinne wach für dein Kommen.
Zeig deine Nähe, dass wir dich spüren,
weck deine Stärke, komm und befreie uns.

A: Sei hier zugegen, damit wir leben,
sei hier zugegen, stark wie ein Feuer.
Flamme und Leben, Gott bei den Menschen.
Komm und befreie uns, damit wir leben.
Komm uns zu retten wie Licht in der Frühe.
Komm wie der helle Tag, Licht unsren Augen.

V: Sei hier zugegen mit deinem Leben,
in unsrer Mitte, Gott bei den Menschen.
Herr aller Mächte, Gott für die Menschen.
Zeig uns dein Angesicht, gib uns das Leben.

Oder bist du, o Gott, ein Gott der Toten?
Komm, sei uns nahe, damit wir leben.

A: Oder bist du, o Gott, kein Gott der Menschen?
Komm und erleuchte uns, komm und befreie uns.
Du Licht am Morgen, komm und befreie uns.
Gott für uns alle, heute und morgen.
Tausend Geschlechter währt deine Treue.
Du bist auch heute ein Gott für die Menschen.[4]

Trostgedanken

Jesus schenkt uns seine Nähe

Gott lässt uns nicht mit uns selbst allein. Im Kommen Jesu schenkt er uns seine Nähe, seine Freundschaft, die über alle menschlichen Absicherungen hinausgeht, sogar über die Todesgrenze. „Gelernte Christen" wissen das. Noch mehr: Sie leben aus diesen Haltungen: souverän, weil angstfrei; selbstbewusst, weil ohne Minderwertigkeitskomplexe gegenüber ihrem Leben; und sie leben im Gefühl der Sicherheit – weil sie sich auf den verlassen, der Jesus vom Tode errettet hat, den Gott und Vater Jesu Christi.
Weihnachten ist ein Fest, das uns zum Umdenken einlädt. Gott hat das Risiko der Freiheit nicht unterschätzt. Er hat sich in seiner Folgenabschätzung etwas einfallen lassen. Er hat uns Jesus Christus geschenkt, dessen Geburtsfest wir in diesen Tagen feiern. Seine Botschaft ist aktueller denn je. „Selig, die keine Gewalt anwenden! Sie werden das Land erben. Selig, die barmherzig sind, sie werden Erbarmen finden. Selig, die Frieden stiften, sie werden Söhne Gottes genannt werden!" Gewaltlosigkeit, Barmherzigkeit, Friedenswillen – das sind Bausteine einer wahrhaft humanen Gesellschaft. Es lohnt sich, auf Jesu Botschaft zu hören und an ihr Maß zu nehmen.[5]

Fürbitten

Gott des Lebens und der Barmherzigkeit, durch die Geburt deines Sohnes Jesus Christus bist du in diese Welt herabgestiegen, um uns das Leben zu schenken und um uns zu erretten. Vertrauensvoll beten wir zu dir: Durch deine Geburt rette uns.

Du hast unsere(n) verstorbene(n) Schwester/Bruder ... aus dieser Welt zu dir gerufen;
nimm sie/ihn auf und lass sie/ihn dich schauen von Angesicht zu Angesicht. Wir bitten dich.

Du hast den Menschen, der dem Tod verfallen ist, durch deine Menschwerdung erneuert;
vollende an unseren Verstorbenen das Werk der Erlösung. Wir bitten dich.

Du hast den Angehörigen, die um unsere(n) liebe(n) Verstorbene(n) trauern, deine Nähe zugesagt;
gib allen, die in diesen Tagen und Stunden von Trauer und Tränen erfüllt sind, deinen Trost, der Zukunft verheißt. Wir bitten dich.

Du allein kennst die Herzen der Menschen;
lass uns nicht mutlos werden oder gar verzweifeln, wenn das Leben hart und unser Kreuz schwer geworden ist. Wir bitten dich.

Du hast deinen Sohn in diese Welt gesandt, damit den Armen die Frohe Botschaft verkündet wird;
stärke alle Frauen und Männer, die von dieser Botschaft Zeugnis geben und erfülle die Leidenden und Sterbenden mit der Kraft deines Heiligen Geistes und mit den Herzen und helfenden Händen der Menschen. Wir bitten dich.

Du hast die Engel bei der Geburt deines Sohnes deine Herrlichkeit verkünden lassen;

schenke all unseren Verstorbenen den Glanz deines himmlischen Lichtes. Wir bitten dich.

Allmächtiger Gott, du hast den Menschen in seiner Würde wunderbar erschaffen und noch wunderbarer wiederhergestellt. Lass unsere(n) verstorbene(n) Schwester/Bruder ..., die/der nun für immer bei dir in deiner Herrlichkeit lebt, teilhaben an der Gottheit deines Sohnes. Darum bitten wir dich, heute und in alle Ewigkeit.

Vaterunser

Lasst uns nun miteinander so beten, wie der Herr es seine Jünger gelehrt hat: Vater unser ...

Schlussgebet

Heiliger Gott, in Christus hast du den Völkern deine ewige Herrlichkeit geoffenbart.
Gib uns die Gnade, das Geheimnis unseres Erlösers immer tiefer zu erfassen, damit wir durch ihn zum unvergänglichen Leben gelangen, der in der Einheit des Heiligen Geistes mit dir lebt und Leben schenkt in alle Ewigkeit.
A: Amen.

Segensgebet

Durch die Geburt Jesu Christi kam Gottes Licht in unsere Welt: Er erhelle unser Leben mit dem Licht seiner Gnade.

Durch die Geburt Jesu Christi kam Gottes Friede in unsere Welt: Er gebe uns den Mut, den wir zum Leben brauchen.

Durch die Geburt Jesu Christi kam Gottes Freude in unsere Welt: Er schenke unserem Leben seinen Trost.

Durch die Geburt Jesu Christi kam Gottes Liebe in unsere Welt: Er erfülle seine Verheißungen an uns, damit wir nicht trauern wie die, die keinen Glauben haben.

Durch die Geburt Jesu Christi kam Gottes Hoffnung in unsere Welt: Er stärke uns mit der Kraft seiner frohen Botschaft vom Leben.

In diesem Glauben segne und begleite uns der allmächtige und der gute Gott: Der Vater und der Sohn und der Heilige Geist.

A: Amen.

V: Lasst uns gehen in Frieden.

A: Dank sei Gott, dem Herrn.

WENN DAS WEIZENKORN NICHT IN DIE ERDE FÄLLT

Wir beten für unsere Verstorbenen in der Fastenzeit

Vorbeter(in)
Im Namen des Vaters und des Sohnes und des Heiligen Geistes.

Alle: Amen.

Einleitungsworte des/der Vorbeters(-in)

Gott hat unsere(n) Schwester/Bruder ... aus dieser Welt zu sich gerufen. In unserer Trauer und um unsere(n) liebe(n) Verstorbene(n) Gott anzuempfehlen sind wir hier in dieser Stunde zusammengekommen. Wir wollen miteinander für sie/ihn beten, dass Gott ihr/sein Leben angenommen und seine Verheißung an ihr/ihm erfüllt hat. Jesus gebraucht im Evangelium ein wunderbares Bildwort: „Wenn das Weizenkorn nicht in die Erde fällt und stirbt, bleibt es allein; wenn es aber stirbt, bringt es reiche Frucht."
So ist es mit unserem menschlichen Leben: Wir müssen sterben und in die Erde gelegt werden, damit wir zu einem neuen und ewigen, ja, zu einem ungeahnten Leben auferstehen werden. Niemand kann uns dieses Leben beschreiben, aber wir dürfen gläubig wissen, dass diese Verheißung Jesu wahr ist und jeder, der an ihn geglaubt hat, wird dieses Leben erfahren. Wir sind nur Gast und nur Pilger auf dieser

Erde, bei Gott aber finden wir das ewige Leben und unsere Heimat.
Mit dem verstorbenen Papst Johannes Paul II. können wir beten:

Barmherziger Vater, Herr über Leben und Tod,
unser Schicksal liegt in deiner Hand.
Schau gütig auf das Leid derer,
die den Tod lieber Menschen beweinen:
ihrer Kinder, Eltern, Geschwister, Verwandten,
Freunde.
Mögen sie die Gegenwart Christi erfahren,
der die Witwe von Nain und die Schwestern
des Lazarus getröstet hat,
denn er ist die Auferstehung und das Leben.
Hilf uns, aus dem Geheimnis des Schmerzes
zu lernen,
dass wir auf Erden nur Pilger sind. Amen.[6]

Gemeinsames Psalmengebet *(Ps 130)*

Gottes Barmherzigkeit ist grenzenlos und nicht mit menschlichem Verstand zu begreifen. Er hat uns erlöst und so können wir miteinander und füreinander beten.

V: Beim Herrn ist Barmherzigkeit und reiche Erlösung.

A: Beim Herrn ist Barmherzigkeit und reiche Erlösung.

V: Aus der Tiefe rufe ich, Herr, zu dir:*
Herr, höre meine Stimme!

A: Wende dein Ohr mir zu,*
achte auf mein lautes Flehen!

V: Würdest du, Herr, unsere Sünden beachten,*
Herr, wer könnte bestehen?

A: Doch bei dir ist Vergebung,*
damit man in Ehrfurcht dir dient.

V: Ich hoffe auf den Herrn, es hofft meine Seele,*
ich warte voll Vertrauen auf sein Wort.

A: Meine Seele wartet auf den Herrn*
mehr als die Wächter auf den Morgen.

V: Mehr als die Wächter auf den Morgen*
soll Israel harren auf den Herrn.

A: Denn beim Herrn ist die Huld,*
bei ihm ist Erlösung in Fülle.

V: Ja, er wird Israel erlösen*
von all seinen Sünden.

A: Ehre sei dem Vater und dem Sohn*
und dem Heiligen Geist.

V: Wie im Anfang so auch jetzt und alle Zeit*
und in Ewigkeit. Amen.

A: Beim Herrn ist Barmherzigkeit und reiche Erlösung.

Aus dem Evangelium des Johannes

In jener Zeit sprach Jesus zu seinen Jüngern: Die Stunde ist gekommen, dass der Menschensohn verherrlicht wird. Amen, amen, ich sage euch: Wenn das Weizenkorn nicht in die Erde fällt und stirbt, bleibt es allein; wenn es aber stirbt, bringt es reiche Frucht. Wer an seinem Leben hängt, verliert es; wer aber sein Leben in dieser Welt gering achtet, wird es bewahren bis ins ewige Leben.

Wenn einer mir dienen will, folge er mir nach; und wo ich bin, dort wird auch mein Diener sein. Wenn einer mir dient, wird der Vater ihn ehren.
Jetzt ist meine Seele erschüttert. Was soll ich sagen: Vater, rette mich aus dieser Stunde?
Aber deshalb bin ich in diese Stunde gekommen. Vater, verherrliche deinen Namen! Da kam eine Stimme vom Himmel: Ich habe ihn schon verherrlicht und werde ihn wieder verherrlichen.
(Joh 12,23-28)

Augenblick der Stille

Überdenken wir das Leben unserer/unseres lieben Verstorbenen und unsere Beziehung zu ihr/ihm in der Stille und beten wir zu Gott für sie/ihn, dass sie/er nun das Leben in Fülle gefunden hat.

Gesätz vom Rosenkranz

Maria, die Gottesmutter, hat nicht nur einen tränenreichen Weg hinter sich gebracht, sondern auch einen Weg voller Leid und Not. Sie hielt ihren toten Sohn in ihrem Schoß und glaubte dennoch an das Leben. Wenn wir unsere(n) verstorbene(n) Schwester/Bruder ... ihrer Fürsprache anvertrauen, wissen wir sie/ihn gut aufgehoben.

Wir bekennen miteinander unseren Glauben

Ich glaube an Gott, den Vater, den Allmächtigen, den Schöpfer des Himmels und der Erde, und an Jesus Christus, seinen eingeborenen Sohn, unseren Herrn, empfangen durch den Heiligen Geist, geboren von der Jungfrau Maria, gelitten unter Pontius Pilatus,

gekreuzigt, gestorben und begraben, hinabgestiegen in das Reich des Todes, am dritten Tage auferstanden von den Toten, aufgefahren in den Himmel; er sitzt zur Rechten Gottes, des allmächtigen Vaters; von dort wird er kommen zu richten die Lebenden und die Toten.
Ich glaube an den Heiligen Geist, die heilige katholische Kirche, Gemeinschaft der Heiligen, Vergebung der Sünden, Auferstehung der Toten und das ewige Leben. Amen.

V: Vater unser im Himmel, geheiligt werde dein Name, dein Reich komme, dein Wille geschehe, wie im Himmel so auf Erden.

A: Unser tägliches Brot gib uns heute und vergib uns unsere Schuld, wie auch wir vergeben unseren Schuldigern, und führe uns nicht in Versuchung, sondern erlöse uns von dem Bösen.
Denn dein ist das Reich und die Kraft und die Herrlichkeit in Ewigkeit. Amen.

V: Gegrüßet seist du, Maria, voll der Gnade, der Herr ist mit dir, du bist gebenedeit unter den Frauen und gebenedeit ist die Frucht deines Leibes, Jesus, *der für uns gekreuzigt worden ist.*

A: Heilige Maria, Mutter Gottes, bitte für uns Sünder, jetzt und in der Stunde unseres Todes.
Amen.

V: Ehre sei dem Vater und dem Sohn*
und dem Heiligen Geist.

A: Wie im Anfang so auch jetzt und alle Zeit*
und in Ewigkeit. Amen.

Gemeinsames Gebet

V: Guter Gott, dieser Tod bedeutet einen sehr tiefen Einschnitt in mein Leben. Nichts ist mehr, wie es war. Wie soll ich umgehen mit der Leere, mit der Traurigkeit, mit dem vielen Neuen, das nun auf mich zukommt? Hilfst du mir?

A: Gott, manchmal steigen Zweifel wie dunkle Schatten in mir auf. Zweifel am Sinn meines Lebens, an mir selbst und auch an deiner Verheißung und Güte. Lass mich in diesen Zeiten dein „Ja“ zu mir hören und schenke mir Mut und Kraft für meinen Weg.

V: Guter Gott, du kennst uns und du weißt, dass wir immer wieder Fehler machen; dass wir schuldig werden an dir, an unseren Mitmenschen und auch an uns selbst. Lege deinen versöhnenden Frieden auf das Leben von … und in unsere eigenen Herzen. Bei dir ist Vergebung und Heil.

A: Gott, ich will deinem Wort Glauben schenken, dass du uns auffängst im Tod, dass wir Heimat und Geborgenheit finden bei dir.

V: Deiner Liebe empfehle ich … an, seinen/ihren Leib und seine/ihre Seele. Schenke ihm/ihr Ruhe, Frieden und ewige Freude bei dir.[7]

(Barbara Rolf)

Trostgedanken

Trotz Leiden und Tod,
trotz Armut und Not
glaube ich an den lebendigen Gott
und daran, dass er alles gut macht.

Gerade wegen Leiden und Tod,
gerade wegen Armut und Not
glaube ich an Jesus Christus, seinen Sohn,
und daran, dass er alle befreit.

In Leiden und Tod,
in Armut und Not
glaube ich an den Heiligen Geist
und daran, dass er mich in die Welt sendet.[8]

Fürbitten

Beten wir zu Jesus Christus, der sein Leben für uns hingegeben hat, um uns das ewige Leben zu schenken:

Du hast unsere(n) Schwester/Bruder ... in dein Reich gerufen; schenke ihr/ihm nun dieses neue und ewige Leben bei dir. Herr, erbarme dich.

Durch deine Botschaft finden Menschen zum Leben; tröste die Angehörigen, die um die/den Verstorbene(n) trauern mit deinem Wort. Herr, erbarme dich.

Dein Kreuz ist unser Heil; hilf den Menschen, die krank sind und leiden. Herr, erbarme dich.

Menschen hast du in deine Nähe gerufen, um ihnen deine Botschaft zu verkünden und ihnen deine Liebe zu zeigen; lass auch uns deine Gegenwart und deinen Beistand erfahren. Herr, erbarme dich.

Einsame und Ausgestoßene hast du in die Gemeinschaft zurückgeholt; stelle all jenen, die unter uns einsam und ausgestoßen sind, Menschen an die Seite, die ihnen Nähe und Wärme schenken. Herr, erbarme dich.

Tote hast du zum Leben erweckt; führe die Verstorbenen aus unserer Gemeinde, vor allem diejenigen, die schnell vergessen sind, in dein Reich des Lichtes und des Friedens. Herr, erbarme dich.

Herr Jesus, du bist uns zum Bruder geworden und willst, dass wir Anteil haben an deinem Leben. Behüte unser Leben, auch wenn wir in Sorgen und in Ängsten sind, und lass uns suchen, was uns zum Heil dient. Darum bitten wir dich, der du mit dem Vater und dem Heiligen Geist lebst und liebst in alle Ewigkeit.

Vaterunser

Jesus hat uns selber zu seinem Vater beten gelehrt. Stimmen wir in seine Worte ein: Vater unser ...

Schlussgebet

Herr Jesus Christus, in der Grablegung hast du den Tod des Weizenkorns auf dich genommen, bist du zum gestorbenen Weizenkorn geworden, das Frucht trägt durch alle Zeiten und in die Ewigkeit hinein. Vom Grab her leuchtet über alle Zeit hinaus die Verheißung des Weizenkorns, aus dem das wahre Manna kommt – das Brot des Lebens, in dem du dich uns selber gibst. Du schenkst dich durch den Tod des Weizenkorns hindurch, damit auch wir wagen, unser Leben zu verlieren, um es zu gewinnen; damit auch wir uns der Verheißung des Weizenkorns anvertrauen.
Du bist auferstanden und hast dem verwandelten Fleisch Raum im Herzen Gottes gegeben. Lass uns dieser Hoffnung froh werden und sie freudig in die Welt hineintragen, Zeugen deiner Auferstehung sein.[9] Amen.

Segensgebet

V: Herr, du hast einst das Volk Israel durch die Wüste geführt und ihm immer wieder Zeichen deiner Nähe und deiner Sorge gezeigt.

A: Herr, zeige auch uns in unserer Not und Trauer deine Sorge um uns und segne uns.

V: Herr, du hast deinem Volk die Kraft gegeben, den Weg in das verheißene Land fortzusetzen und hast es nicht alleine ziehen lassen.

A: Herr, gib auch uns Kraft und Ausdauer, damit wir unseren Lebensweg weitergehen können, und segne uns.

V: Herr, dein Volk Israel hast du dann in das verheißene Land geführt und ihm ein neues Leben in Freiheit und Wohlergehen geschenkt.

A: Herr, führe auch uns einmal in das neue und ewige Leben in deiner Herrlichkeit und segne uns im Namen des Vaters und des Sohnes und des Heiligen Geistes. Amen.

V: So lasst uns nun gehen in Frieden.

A: Dank sei Gott, dem Herrn.

ICH BIN DIE AUFERSTEHUNG UND DAS LEBEN

Wir beten für unsere Verstorbenen in der Osterzeit

Vorbeter(in)
Im Namen des Vaters und des Sohnes und des Heiligen Geistes.

Alle: Amen.

Einleitungsworte des/der Vorbeters(-in)

Der Herr, der auferstanden ist, ja, der wahrhaft vom Tode auferstanden ist, er sei jetzt in dieser Stunde, in der wir uns versammelt haben, um für unsere(n) verstorbene(n) Schwester/Bruder ... zu beten, mit uns allen. Das Osterfest, das wir in diesen Tagen gefeiert haben, hat unserem Glauben wieder neue Kraft gegeben. Jesus hat den Tod besiegt und uns damit ein neues und unverlierbares Leben geschenkt. Somit kann er zu Recht von sich sagen: „Ich bin die Auferstehung und das Leben. Wer an mich glaubt, wird leben, auch wenn er stirbt, und jeder, der lebt und an mich glaubt, wird auf ewig nicht sterben."
Im Angesicht des Todes, dem wir in diesen Tagen in unserer Familie und in unserem Freundeskreis in die Augen geschaut haben, tut es uns gut, jetzt von dieser Botschaft zu hören und uns von ihr trösten zu lassen. Denn auch unsere/unser Schwester/Bruder ... ist Jesus Christus durch die Taufe in ihrem/seinem Tod gleich geworden und hat nun Anteil an

diesem ewigen und unverlierbaren Leben. Es gibt für uns Menschen keine stärkere Botschaft als die von Ostern, weil der Tod von nun an keine Macht mehr über uns hat und nur noch das Leben zählt. Lassen wir uns von diesem Osterglauben in Bewegung bringen und beten wir als österliche Menschen für unsere(n) liebe(n) Verstorbene(n):

Gott des Lebens, du hast uns in dieser Stunde heute Abend hier zusammengeführt, um für unsere(n) verstorbene(n) Schwester/Bruder … zu beten. Wir bringen unsere Trauer, unseren Kummer, unser Leid, unsere Angst und alle unsere Sorgen mit. Im Licht und im Glauben an Ostern tragen wir aber auch die Hoffnung in unseren Herzen. Vertreibe unsere Angst, die uns gefangen hält und unsere Herzen so schwer macht, und all das, was uns lähmt, und lass uns aufstehen, um aus der österlichen Botschaft neue Kraft zum Leben zu bekommen. Darum bitten wir dich durch Jesus Christus, den Boten deiner Liebe, den du vom Tod ins Leben auferweckt hast und der mit uns lebt und Leben schenkt alle Tage unseres Lebens bis in Ewigkeit.

Gemeinsames Psalmengebet *(nach Ps 119)*

Gott, der Herr, hat allein Worte des Lebens. Ihm vertrauen wir uns an und beten miteinander.

V: Herr, du hast Worte ewigen Lebens.

A: Herr, du hast Worte ewigen Lebens.

V: Wohl denen, deren Weg ohne Tadel ist,*
die leben nach der Weisung des Herrn.

A: Wohl denen, die seine Vorschriften befolgen*
und ihn suchen von ganzem Herzen.

V: Halte mich fern vom Weg der Lüge;*
begnade mich mit deiner Weisung.

A: Gib mir Einsicht, damit ich deiner Weisung folge*
und mich an sie halte aus ganzem Herzen.

V: Mein Leben ist ständig in Gefahr,*
doch ich vergesse nie deine Weisung.

A: Das ist mein Trost im Elend:*
Deine Verheißung spendet mir Leben.

V: Herr, dein Wort bleibt auf ewig,*
es steht fest wie der Himmel.

A: Deine Gerechtigkeit bleibt ewig Gerechtigkeit,*
deine Weisung ist Wahrheit.

V: Alle, die deine Weisung lieben,
empfangen Heil in Fülle;*
es trifft sie kein Unheil.

A: Ich freue mich über deine Verheißung.*
Lass meine Seele leben, damit sie dich preisen kann.

V: Ehre sei dem Vater und dem Sohn*
und dem Heiligen Geist.

A: Wie im Anfang so auch jetzt und alle Zeit*
und in Ewigkeit. Amen.

A: Herr, du hast Worte ewigen Lebens.

Die Botschaft der Auferstehung nach Johannes

Am ersten Tag der Woche kam Maria von Magdala frühmorgens, als es noch dunkel war, zum Grab und

sah, dass der Stein vom Grab weggenommen war. Da lief sie schnell zu Simon Petrus und dem Jünger, den Jesus liebte, und sagte zu ihnen: Man hat den Herrn aus dem Grab weggenommen, und wir wissen nicht, wohin man ihn gelegt hat. Da gingen Petrus und der andere Jünger hinaus und kamen zum Grab; sie liefen beide zusammen dorthin, aber weil der andere Jünger schneller war als Petrus, kam er als Erster ans Grab. Er beugte sich vor und sah die Leinenbinden liegen, ging aber nicht hinein.
Da kam auch Simon Petrus, der ihm gefolgt war, und ging in das Grab hinein. Er sah die Leinenbinden liegen und das Schweißtuch, das auf dem Kopf Jesu gelegen hatte; es lag aber nicht bei den Leinenbinden, sondern zusammengebunden daneben an einer besonderen Stelle. Da ging auch der andere Jünger, der zuerst an das Grab gekommen war, hinein; er sah und glaubte. Denn sie wussten noch nicht aus der Schrift, dass er von den Toten auferstehen musste. Dann kehrten die Jünger wieder nach Hause zurück.
Maria aber stand draußen vor dem Grab und weinte. Während sie weinte, beugte sie sich in die Grabkammer hinein. Da sah sie zwei Engel in weißen Gewändern sitzen, den einen dort, wo der Kopf, den anderen dort, wo die Füße des Leichnams Jesu gelegen hatten. Die Engel sagten zu ihr: Frau, warum weinst du? Sie antwortete ihnen: Man hat meinen Herrn weggenommen, und ich weiß nicht, wohin man ihn gelegt hat. Als sie das gesagt hatte, wandte sie sich um und sah Jesus dastehen, wusste aber nicht, dass es Jesus war. Jesus sagte zu ihr: Frau, warum weinst du? Wen suchst du? Sie meinte, es sei der Gärtner, und sagte zu ihm: Herr, wenn du ihn weggebracht hast, sag mir, wohin du ihn gelegt hast. Dann will ich ihn holen.
Jesus sagte zu ihr: Maria! Da wandte sie sich ihm zu

und sagte auf hebräisch zu ihm: Rabbuni!, das heißt: Meister. Jesus sagte zu ihr: Halte mich nicht fest; denn ich bin noch nicht zum Vater hinaufgegangen. Geh aber zu meinen Brüdern und sag ihnen: Ich gehe hinauf zu meinem Vater und zu eurem Vater, zu meinem Gott und zu eurem Gott. Maria von Magdala ging zu den Jüngern und verkündete ihnen: Ich habe den Herrn gesehen. Und sie richtete aus, was er ihr gesagt hatte.
(Joh 20,1-18)

Meditation

Wer wird den Stein wegrollen?

Viele Steine versperren meinen Weg.
Wer wird den Stein wegrollen?

Den Stein der Trauer
über den Tod eines geliebten Menschen?
Den Stein der Mutlosigkeit und Verzweiflung,
wenn ich nicht mehr weiter weiß?

Den Stein der Erschöpfung,
wenn mein Alltag mich stark fordert,
manchmal auch überfordert?

Den Stein der Sorgen
um die mir anvertrauten Menschen?

Den Stein der Wut,
die mich oftmals grundlos packt?

Wer wird den Stein wegrollen?
„Habt Vertrauen!"
steht auf dem Grabstein eures Freundes.

„Habt Vertrauen!" …
und die Steine der Trauer, der Mutlosigkeit und der Verzweiflung,
der Erschöpfung und der Sorgen, der Wut …
All die Steine auf meinem Weg werden zerspringen.

„Habt Vertrauen!" …
Und Gott wird auch mir Engel schicken,
die den Stein wegrollen.[10]

Augenblick der Stille

Im Glauben an die Auferstehung und im Vertrauen auf die Verheißung Jesu, dass er uns das neue und ewige Leben auch wirklich schenken wird, denken wir in Stille an unsere(n) Verstorbene(n) und beten für sie/ihn.

Gesätz vom Rosenkranz

Maria ist dem Auferstandenen begegnet. Sie konnte es mit eigenen Augen sehen und hat geglaubt, dass er den Tod besiegt hat und lebt. Vertrauen wir nun unsere(n) verstorbene(n) Schwester/Bruder … ihrer Fürsprache an.

Wir bekennen miteinander unseren Glauben

Ich glaube an Gott, den Vater, den Allmächtigen, den Schöpfer des Himmels und der Erde, und an Jesus Christus, seinen eingeborenen Sohn, unseren Herrn, empfangen durch den Heiligen Geist, geboren von der Jungfrau Maria, gelitten unter Pontius Pilatus, gekreuzigt, gestorben und begraben, hinabgestiegen

in das Reich des Todes, am dritten Tage auferstanden von den Toten, aufgefahren in den Himmel; er sitzt zur Rechten Gottes, des allmächtigen Vaters; von dort wird er kommen zu richten die Lebenden und die Toten.
Ich glaube an den Heiligen Geist, die heilige katholische Kirche, Gemeinschaft der Heiligen, Vergebung der Sünden, Auferstehung der Toten und das ewige Leben. Amen.

V: Vater unser im Himmel, geheiligt werde dein Name, dein Reich komme, dein Wille geschehe, wie im Himmel so auf Erden.

A: Unser tägliches Brot gib uns heute und vergib uns unsere Schuld, wie auch wir vergeben unseren Schuldigern, und führe uns nicht in Versuchung, sondern erlöse uns von dem Bösen.
Denn dein ist das Reich und die Kraft und die Herrlichkeit in Ewigkeit. Amen.

V: Gegrüßet seist du, Maria, voll der Gnade, der Herr ist mit dir, du bist gebenedeit unter den Frauen und gebenedeit ist die Frucht deines Leibes, Jesus, *der von den Toten auferstanden ist.*

A: Heilige Maria, Mutter Gottes, bitte für uns Sünder, jetzt und in der Stunde unseres Todes.
Amen.

V: Ehre sei dem Vater und dem Sohn*
und dem Heiligen Geist.

A: Wie im Anfang so auch jetzt und alle Zeit*
und in Ewigkeit. Amen.

Gemeinsames Gebet

V: Jesus Christus,
du bist von den Toten auferstanden.
Du hast die Last des Grabes auf dich genommen.
Auch wir sind durch diesen Tod begraben,
unsere Hoffnungen und unsere Zukunft
wurden begraben.

A: Du hast nicht nur dein Grab geöffnet,
seit Ostern hast du alle Gräber dieser Welt
geöffnet.
Den Tod hast du vertrieben, er hat keine Macht
mehr.
Unsere Verstorbenen leben bei dir,
sie leben in der neuen Wirklichkeit des Himmels.

V: Wir vertrauen auf dein österliches Wort,
das niemals in dieser Zeit verstummen wird:
„Ich bin die Auferstehung und das Leben.
Wer an mich glaubt, wird leben,
auch wenn er stirbt,
und jeder, der lebt und an mich glaubt,
wird auf ewig nicht sterben“ *(Joh 11,25b-26a)*.

A: Auferstandener Jesus,
in deinem Sieg über den Tod
wird die Nacht hell wie der Tag,
strahlt die Sonne aus dem Dunkel,
erwacht das Leben zur Ewigkeit.

V: Christus, von den Toten auferstanden,
führe uns aus unserer Trauer in die Freude,
schenke uns Hoffnung auf das Leben,
befreie unsere Herzen von Trauer
und trockne die Tränen unserer Augen,
öffne unsere Blicke für die Menschen um uns
und wärme unsere Herzen durch deine Botschaft.

A: Sieger über Sünde und Tod,
mach uns zu österlichen Menschen,
die durch die Kraft der Auferstehung
alle Trauer und alle Not im Licht von Ostern verstehen.
Hilf uns, dieser Botschaft zu trauen
und ihr zu vertrauen.

V: Jesus Christus, du Gott des Lebens,
du hast uns deine Nähe versprochen
und du lässt uns auch nicht in unserer Trauer
und in unserer Sehnsucht alleine.
Gib uns in diesen Stunden Zeichen deiner liebenden Nähe und richte uns auf.

A: Du bist der Weg, die Wahrheit und das Leben.
Schenke uns in dieser Stunde deinen österlichen Geist
und mache alle Dunkelheiten unseres Lebens hell,
heile, was in uns gebrochen und krank ist, und
lass uns einstimmen in den österlichen Jubel:
Halleluja, Jesus lebt!

Fürbitten

Jesus Christus hat in seiner Auferstehung den Tod und alle Macht des Todes besiegt. Im Vertrauen auf das Leben wenden wir uns an ihn und beten:

Tröste die Familie, die um ihre(n) liebe(n) Verstorbene(n) trauert und weint und ermutige sie mit deiner Kraft zum Leben. Jesus Christus, auferstandener Herr.

Stärke alle Menschen, die in diesen Tagen die österliche Botschaft hören und erfülle ihr Leben mit Hoffnung und Mut. Jesus Christus, auferstandener Herr.

Ermutige unsere Kranken und Leidenden, deren Leben unerträglich geworden ist, und schenke ihnen den Beistand von Menschen, die ihnen an der Seite stehen und ihnen helfen. Jesus Christus, auferstandener Herr.

Erfülle alle, die zur Verkündigung der Osterbotschaft bestellt und gesandt sind, dass sie nicht müde werden vom Leben zu erzählen und mit ihrem eigenen Leben Zeugnis davon geben. Jesus Christus, auferstandener Herr.

Schenke unserer/unserem verstorbenen Schwester/Bruder ... Auferstehung und Leben und lass sie/ihn für immer in deinem Reich geborgen sein. Jesus Christus, auferstandener Herr.

Herr Jesus Christus, du allein kannst uns Leben und Hoffnung schenken. Höre und erhöre unser Beten, denn wir vertrauen dir und deinem Wort. Enttäusche uns nicht und lass uns als österliche Menschen leben, heute und in alle Ewigkeit.

Vaterunser

Beten wir in der Hoffnung an die Auferstehung jenes Gebet, das der Herr seine Jünger und uns zu beten gelehrt hat. Vater unser ...

Schlussgebet

Lebendiger Gott, in diesen österlichen Tagen willst du uns den Mut zum Leben schenken, auch in den schweren Augenblicken, in denen der Tod in unser Haus und unsere Familie eingezogen ist. In der Auferstehung deines Sohnes ist das österliche Licht über uns aufgestrahlt und neue Hoffnung für alle Menschen aufgebrochen. Gib uns in diesen Tagen die Kraft, dieser Hoffnung zu trauen, damit sie unser Leben bestimmen und uns solche Kraft geben kann, die wir brauchen. Darum bitten wir dich, durch Christus, unseren Herrn, der mit dir lebt und Leben schenkt in alle Ewigkeit.

A: Amen.

Segensgebet

V: Gott, der allmächtige Vater, schenke uns in seinem Sohn Jesus Christus, der in seiner Auferstehung den Tod ein für alle Mal besiegt hat, Kraft und unseren ängstlichen Herzen Mut und Trost.

A: Gott, der allmächtige Vater, möge unseren weiteren Weg und unseren Alltag begleiten, damit wir an das Leben glauben können.

V: Gott, der allmächtige Vater, schenke uns die Ausdauer und die Beharrlichkeit der Jünger, die Augen und die Herzen offenzuhalten, damit wir ihn erkennen, wenn er uns begegnet.

A: Gott, der allmächtige Vater, möge uns segnen in der Zuversicht, dass auch wir einst mit ihm auferstehen zu einem neuen und ewigen Leben. Amen.

V: Lasst uns nun gehen im Namen des Vaters und des Sohnes und des Heiligen Geistes.

A: Amen.

DEINEN GLÄUBIGEN WIRD DAS LEBEN GEWANDELT

Wir beten für unsere Verstorbenen im Jahreskreis I

Vorbeter(in)
Im Namen des Vaters und des Sohnes und des Heiligen Geistes.

Alle: Amen.

Einleitungsworte des/der Vorbeters(-in)

Wenn der Tod in unser Leben einbricht, steht unser Leben plötzlich still. Von einem Augenblick zum anderen verändert sich alles; nichts ist mehr so, wie es gewesen ist. Unsere Herzen füllen sich mit Leid und Trauer, unsere Augen leeren sich mit Tränen und unsere Ohren hoffen auf Worte, die uns Kraft und Trost zusprechen. In dieser Stunde will uns unser Glaube dies schenken und uns sagen, was die Kirche für ihre Verstorbenen betet: „Denn deinen Gläubigen, o Herr, wird das Leben gewandelt, nicht genommen. Und wenn die Herberge der irdischen Pilgerschaft zerfällt, ist uns im Himmel eine ewige Wohnung bereitet." Das sind keine billigen Trostworte oder gar Vertröstungen, sondern in diesen Worten eröffnet sich für uns die österliche Wirklichkeit, dass wir einen neuen Ort haben, wo unser Leben weitergehen wird. Seit der Auferstehung Jesu, seit Ostern, hat der Tod keine Macht mehr über uns Menschen und über das Leben. Er hat seine Macht

verloren, das Leben auszulöschen. Der Tod hat nur noch die Aufgabe, uns die Tür zum Leben zu öffnen, das wir letztlich doch alle ersehnen und erhoffen, nämlich das ewige Leben. Auf den Tod folgt das Leben, das wahre, endgültige Leben, es ist das versprochene Leben in Fülle ohne Ende bei Gott.
Möge uns nun Gottes Gegenwart und unser gemeinsames Beten diese Kraft und diesen Trost, den wir brauchen, spenden und uns Gewissheit geben, dass unser(e) Schwester/Bruder ..., für die/den wir jetzt beten, bei Gott ist und ihr/sein Leben gewandelt ist in das neue und endgültige Leben bei Gott.
Mit dem heiligen Augustinus können wir deswegen in dieser Stunde vertrauensvoll beten:

Glaube!
Und wenn du auch tot wärst, du wirst leben;
glaubst du aber nicht, dann bist du tot,
auch wenn du lebst.
Ich glaube, Herr, dass du
die Auferstehung bist,
ich glaube, dass du das Leben bist.

Gemeinsames Hymnusgebet

Stimmen wir ein in das Nachtgebet der Kirche:

V: Du starker Gott, der diese Welt
im Innersten zusammenhält,
du Angelpunkt, der unbewegt
den Wandel aller Zeiten trägt.

A: Geht unser Erdentag zu End',
schenk Leben, das kein Ende kennt:
führ uns, dank Jesu Todesleid,
ins Licht der ew'gen Herrlichkeit.

V: Vollenden wir den Lebenslauf,
nimm uns in deine Liebe auf,
dass unser Herz dich ewig preist,
Gott Vater, Sohn und Heil'ger Geist. Amen.

Gemeinsames Psalmengebet *(Ps 23)*

V: Der Herr ist mein Hirt; er führt mich an Wasser des Lebens.

A: Der Herr ist mein Hirt; er führt mich an Wasser des Lebens.

V: Der Herr ist mein Hirte,*
nichts wird mir fehlen.

A: Er lässt mich lagern auf grünen Auen*
und führt mich zum Ruheplatz am Wasser.

V: Er stillt mein Verlangen;*
er leitet mich auf rechten Pfaden, treu seinem Namen.

A: Muss ich auch wandern in finsterer Schlucht,*
ich fürchte kein Unheil;

V: denn du bist bei mir,*
dein Stock und dein Stab geben mir Zuversicht.

A: Du deckst mir den Tisch*
vor den Augen meiner Feinde.

V: Du salbst mein Haupt mit Öl,*
du füllst mir reichlich den Becher.

A: Lauter Güte und Huld werden mir folgen
mein Leben lang,* und im Haus des Herrn
darf ich wohnen für lange Zeit.

V: Ehre sei dem Vater und dem Sohn*
und dem Heiligen Geist.

A: Wie im Anfang so auch jetzt und alle Zeit*
und in Ewigkeit. Amen.

A: Der Herr ist mein Hirt; er führt mich an Wasser des Lebens.

Der Apostel Paulus schreibt an seine Gemeinde in Korinth

Wir verkündigen Weisheit unter den Vollkommenen, aber nicht Weisheit dieser Welt oder der Machthaber dieser Welt, die einst entmachtet werden. Vielmehr verkündigen wir das Geheimnis der verborgenen Weisheit Gottes, die Gott vor allen Zeiten vorausbestimmt hat zu unserer Verherrlichung. Keiner der Machthaber dieser Welt hat sie erkannt, denn hätten sie die Weisheit Gottes erkannt, so hätten sie den Herrn der Herrlichkeit nicht gekreuzigt.
Nein, wir verkündigen, wie es in der Schrift heißt, was kein Auge gesehen und kein Ohr gehört hat, was keinem Menschen in den Sinn gekommen ist: das Große, das Gott denen bereitet hat, die ihn lieben. Denn uns hat es Gott enthüllt durch den Geist. Der Geist ergründet nämlich alles, auch die Tiefen Gottes.
(1 Kor 2, 6-10)

Augenblick der Stille

Vor Gott können und dürfen wir zur Ruhe kommen und uns ihm vorbehaltlos anvertrauen. Lassen wir das Leben unserer/unseres Schwester/Bruders vor unserem geistigen Auge und in unserem Herzen, wo bisher ihr/sein Platz gewesen ist, Revue passieren und beten wir für sie/ihn.

Gesätz vom Rosenkranz

Auf die Fürsprache der Gottesmutter Maria beten wir und empfehlen unsere(n) verstorbene(n) Schwester/Bruder ... der Barmherzigkeit Gottes an.

Bekennen wir miteinander unseren Glauben

Ich glaube an Gott, den Vater, den Allmächtigen, den Schöpfer des Himmels und der Erde, und an Jesus Christus, seinen eingeborenen Sohn, unseren Herrn, empfangen durch den Heiligen Geist, geboren von der Jungfrau Maria, gelitten unter Pontius Pilatus, gekreuzigt, gestorben und begraben, hinabgestiegen in das Reich des Todes, am dritten Tage auferstanden von den Toten, aufgefahren in den Himmel; er sitzt zur Rechten Gottes, des allmächtigen Vaters; von dort wird er kommen zu richten die Lebenden und die Toten.
Ich glaube an den Heiligen Geist, die heilige katholische Kirche, Gemeinschaft der Heiligen, Vergebung der Sünden, Auferstehung der Toten und das ewige Leben. Amen.

V: Vater unser im Himmel, geheiligt werde dein Name, dein Reich komme, dein Wille geschehe, wie im Himmel so auf Erden.

A: Unser tägliches Brot gib uns heute und vergib uns unsere Schuld, wie auch wir vergeben unseren Schuldigern, und führe uns nicht in Versuchung, sondern erlöse uns von dem Bösen.
Denn dein ist das Reich und die Kraft und die Herrlichkeit in Ewigkeit. Amen.

V: Gegrüßet seist du, Maria, voll der Gnade, der Herr ist mit dir, du bist gebenedeit unter den

Frauen und gebenedeit ist die Frucht deines Leibes, Jesus, *der in den Himmel aufgefahren ist.*

A: Heilige Maria, Mutter Gottes, bitte für uns Sünder, jetzt und in der Stunde unseres Todes. Amen.

V: Ehre sei dem Vater und dem Sohn*
und dem Heiligen Geist.

A: Wie im Anfang so auch jetzt und alle Zeit*
und in Ewigkeit. Amen.

Gemeinsames Gebet

V: Unser Leben, o Herr, geht dahin. Tief in unserem Herzen erahnen wir die Ewigkeit, die du uns schenken wirst. Alles in unserem Leben hat seine Zeit. Unser Lebenswerk hat einen Anfang, aber auch ein Ende, so wie jeder Morgen hineingeht in einen Abend.

A: Freude und Leid bestimmen uns und haben ihren festen Platz im Lauf eines jeden Lebens. So wie die Blume des Feldes blüht und verwelkt, so erblüht auch unser menschliches Leben und vergeht einmal.

V: Du, Gott, lebst unter uns und kennst keine Vergänglichkeit. Du bist und bleibst der große und unbegreifliche Gott, vor dem wir stehen und von dem wir alles erwarten und erhoffen.

A: Jesus Christus, deinen Sohn hast du uns geschenkt, der uns deine Liebe und Barmherzigkeit, deine Güte und Menschenfreundlichkeit gebracht hat. Er hat uns Auferstehung und Leben geschenkt.

V: Wenn das Leben vollendet ist, nimm uns auf in dein Reich, in die ewige Heimat. Lass unsere Verstorbenen bei dir wohnen und schenke ihnen das, was uns verheißen ist.

A: Kleide uns in den Mantel der Unsterblichkeit und enttäusche uns nicht in unserer Hoffnung, denn auf dich vertrauen wir. Schenke uns das, was wir glauben: Deinen Gläubigen, o Herr, wird das Leben gewandelt, nicht genommen. Amen.

Trostgedanken

Gott in der Höhe, allmächtiger und gütiger Herr!
Preis sei dir und Ruhm, Ehre und Anbetung.
Dir allein, du Höchster, gebühren sie.
Keiner ist würdig, dich nur zu nennen.

Gelobet seist du, o Herr, mit allen deinen Geschöpfen,
vornehmlich mit der edlen Schwester Sonne,
die uns den Tag und das Licht bringt.
Schön ist sie und strahlt in hellem Glanze:
dein Zeichen, o Höchster.

Gelobet seist du, o Herr, durch den Bruder Mond
und die Sterne.
Du hast sie geschaffen am Himmel, hell und kostbar
und schön.

Gelobet seist du, o Herr, durch den Bruder Wind,
durch Lufthauch und Gewölk, heit'res und jederlei
Wetter,
durch das du deine Geschöpfe erhältst.

Gelobet seist du, o Herr, durch die Schwester,
das Wasser.
Wie nützlich ist es und kostbar, köstlich und keusch.

Gelobet seist du, o Herr, durch den Bruder,
das Feuer,
durch das du die Nacht erleuchtest.
Wie schön und freudig ist es, gewaltig und stark.

Gelobet seist du, o Herr, durch unsere Schwester,
die Mutter Erde,
die uns trägt und ernährt und spendet Früchte
die Fülle,
bunte Blumen und Kräuter.

Gelobet seist du, o Herr, durch die, so vergeben in
deiner Liebe und tragen Pein und Bedrängnis.
Selig, die dulden in Frieden.
Denn du, o Höchster, wirst sie krönen.

Gelobet seist du, o Herr, durch unseren Bruder,
den leiblichen Tod,
dem kein Lebendiger entrinnen kann.
Weh denen, die sterben in Todes Sünden.
Doch selig, die getan nach deinem heiligsten Willen.
Kein Leid wird ihnen antun der andere Tod.

Lobet und preiset den Herrn mit Danken und dienet
ihm in Furcht und Demut.[11]

Fürbitten

Gütiger Gott, unser Leben liegt allein in deinen Händen. In Trauer und Leid stehen wir vor dir und hoffen, dass du uns hörst und uns hilfst. Deswegen beten wir:

Wir beten für unsere(n) verstorbene(n) Schwester/Bruder …; schenke ihr/ihm das neue und ewige Leben in deinem Reich und lohne ihr/ihm all das Gute, das sie/er hier auf Erden getan hat. Gott des Lebens.

Wir beten für uns selber, die wir um diese(n) Verstorbene(n) trauern; tröste uns und stärke unseren Glauben an die Auferstehung. Gott des Lebens.

Wir beten für alle Menschen, deren Trauer kein Ende nimmt und deren Wunden über den Verlust eines geliebten Menschen nicht mehr heilen; stelle ihnen Menschen an die Seite, die ihnen von der Hoffnung und von der Freude Zeugnis geben. Gott des Lebens.

Wir beten für die Menschen, die andere in ihren menschlichen Nöten nicht im Stich lassen und in schweren Stunden aushalten; erfülle sie mit deinem Geist der Liebe und der Treue. Gott des Lebens.

Wir beten für alle Verstorbenen aus unserer Gemeinde, vor allem für jene, an die niemand mehr denkt; lass sie bei dir geborgen sein und schenke ihnen die Heimat, die sie auf Erden nicht hatten. Gott des Lebens.

Gott, wir haben dir unsere Bitten gesagt und glauben, dass du sie hörst. Lass uns in unserer Not und in unserer Trauer nicht alleine, sondern zeige uns deine Gegenwart und deine Liebe. Darum bitten wir dich, durch Christus, unseren Herrn.

Vaterunser

Schließen wir unsere Bitten in dem einen Gebet zusammen, das der Herr uns zu beten aufgetragen hat: Vater unser …

Schlussgebet

V: Bleibe bei uns, Herr, denn es will Abend werden, und der Tag hat sich geneigt.

A: Bleibe bei uns und bei deiner ganzen Kirche. Bleibe bei uns am Abend des Tages, am Abend des Lebens, am Abend der Welt.

V: Bleibe bei uns mit deiner Gnade und Güte, mit deinem heiligen Wort und Sakrament, mit deinem Trost und Segen.

A: Bleibe bei uns, wenn über uns kommt die Nacht der Trübsal und Angst, die Nacht des Zweifels und der Anfechtung, die Nacht des bitteren Todes.

V: Bleibe bei uns und bei allen deinen Gläubigen in Zeit und Ewigkeit. Amen.

Segensgebet

Bevor wir nun auseinandergehen, wollen wir uns unter Gottes Schutz und Segen stellen und darauf vertrauen, dass er alle Wege unseres Lebens mitgeht:

V: Die Gnade seines Segens schenke uns der Gott allen Trostes, der uns aus Liebe erschaffen und uns in Christus die Hoffnung auf die selige Auferstehung geschenkt hat.

A: Amen.

V: Uns Lebenden gewähre er die Verzeihung aller Sünden, die Verstorbenen führe er in sein Licht und in seinen Frieden.

A: Amen.

V: Der Lebenden und der Toten erbarme sich Christus, der wahrhaft aus dem Grabe erstanden ist.

A: Amen.

V: Das schenke uns der dreieinige Gott, der Vater und der Sohn und der Heilige Geist.

A: Amen.

V: Gelobt sei Jesus Christus.

A: In Ewigkeit. Amen.

DIE ZEIT, GOTT ZU BESITZEN, IST DIE EWIGKEIT

Wir beten für unsere Verstorbenen im Jahreskreis II

Vorbeter(in)
Im Namen des Vaters und des Sohnes und des Heiligen Geistes.

Alle: Amen.

Einleitungsworte des/der Vorbeters(-in)

Wenige Stunden vor dem endgültigen Abschied haben wir uns versammelt, um in zuversichtlicher Hoffnung und im Glauben an die Auferstehung der Toten für unsere(n) verstorbene(n) Schwester/Bruder ... zu beten. Wenn wir am morgigen Tag für sie/ihn die Eucharistie feiern und Gott für ihr/sein Leben danken und sie/ihn anschließend zum Grab geleiten, dann ist das unser letzter gemeinsamer Weg, ein Weg von vielen Wegen, den wir mit unserer/unserem lieben verstorbenen Frau/Herrn ... in diesem Leben gegangen sind. Es ist aber dennoch kein Weg ohne Ziel oder ein Weg, den wir nicht kennen. Für die Christen gibt es keine Unkenntnis, wie es nach diesem Leben weitergehen wird. Der Tod ist nicht das Ende, sondern der Anfang, das Tor in ein neues Leben hinein, das wir bei Gott fortsetzen. Der Heilige Franz von Sales hat einmal geschrieben: „Die Zeit, Gott zu suchen, ist dieses Leben; die Zeit, Gott zu finden, ist der Tod; die Zeit, Gott zu besitzen, ist

die Ewigkeit.“ Franz von Sales war ein optimistischer Heiliger, der das Leben in all seinen Facetten gekannt hat. Deswegen bedeutet für ihn und für uns Christen, dass wir durch unser Sterben und durch den Tod für immer bei Gott sind. Für ihn heißt „Gott besitzen“, dass wir für immer in seiner Nähe sind, unbegrenzt, uneingeschränkt, in der Ewigkeit. Wir gehen einen Weg durch unser Leben, in dem wir Gott suchen und finden müssen, um ihn dann besitzen zu dürfen.
Unser Leben gleicht in der Tat einem Weg: Wir werden geboren und in diese Zeit hineingestellt. Durch die Taufe sind wir mit Christus verbunden und können in Gemeinschaft mit ihm und den Glaubenden Gott suchen. In unserem Sterben und im Tod sind wir Christus gleich, denn auch er hat Leid, Sterben und Tod auf sich genommen, um in die Herrlichkeit des Vaters einzutreten. Im Augenblick unseres Sterbens treten auch wir vor Gott und werden ihn hoffentlich finden, um ihn von Angesicht zu Angesicht schauen zu können, um ihn dann für immer zu besitzen und bei ihm zu sein.

Mitten wir im Leben sind
mit dem Tod umfangen.
Wer ist, der uns Hilfe bringt,
dass wir Gnad' erlangen?
Das bist du, Herr, alleine.
Uns reuet unsre Missetat,
die dich, Herr, erzürnet hat.
Heiliger Herre Gott, heiliger starker Gott,
heiliger barmherziger Heiland,
du ewiger Gott,
lass uns nicht versinken
in des bittern Todes Not.
Kyrieleison.

Gemeinsames Psalmengebet *(nach Ps 27)*

Im gemeinsamen Gebet dürfen wir nun uns selber wie auch das Leben unserer(s) lieben Verstorbenen dem Herrn über Leben und Tod übergeben.

V: Der Herr ist mein Licht und mein Heil.

A: Der Herr ist mein Licht und mein Heil.

V: Der Herr ist mein Licht und mein Heil:*
Vor wem sollte ich mich fürchten?

A: Der Herr ist die Kraft meines Lebens:*
Vor wem sollte mir bangen?

V: Dringen Frevler auf mich ein,*
um mich zu verschlingen,

A: meine Bedränger und Feinde,*
sie müssen straucheln und fallen.

V: Nur eines erbitte ich vom Herrn,*
danach verlangt mich:

A: Im Haus des Herrn zu wohnen*
alle Tage meines Lebens,

V: die Freundlichkeit des Herrn zu schauen*
und nachzusinnen in seinem Tempel.

A: Denn er birgt mich in seinem Haus*
am Tage des Unheils;

V: er beschirmt mich im Schutz seines Zeltes,*
er hebt mich auf einen Felsen empor.

A: Ich will Opfer darbringen in seinem Zelt,
Opfer mit Jubel;*
dem Herrn will ich singen und spielen.

V: Vernimm, o Herr, mein lautes Rufen;*
sei mir gnädig und erhöre mich!

A: Mein Herz denkt an dein Wort: „Sucht mein Angesicht!“*
Dein Angesicht, Herr, will ich suchen.

V: Verbirg nicht dein Gesicht vor mir;/
weise deinen Knecht im Zorn nicht ab!*
Du wurdest meine Hilfe.

A: Verstoß mich nicht, verlass mich nicht,*
du Gott meines Heiles.

V: Wenn mich auch Vater und Mutter verlassen,*
der Herr nimmt mich auf.

A: Zeige mir, Herr, deinen Weg;*
leite mich auf ebener Bahn trotz meiner Feinde!

V: Ich aber bin gewiss, zu schauen*
die Güte des Herrn im Land der Lebenden.

A: Hoffe auf den Herrn, und sei stark!*
Hab festen Mut und hoffe auf den Herrn!

V: Ehre sei dem Vater und dem Sohn*
und dem Heiligen Geist.

A: Wie im Anfang so auch jetzt und alle Zeit*
und in Ewigkeit. Amen.

A: Der Herr ist mein Licht und mein Heil.

Lesung aus dem ersten Brief des Apostels Paulus an die Thessalonicher

Schwestern und Brüder! Wir wollen euch über die Verstorbenen nicht in Unkenntnis lassen, damit ihr nicht trauert wie die anderen, die keine Hoffnung haben.

Wenn Jesus – und das ist unser Glaube – gestorben und auferstanden ist, dann wird Gott durch Jesus auch die Verstorbenen zusammen mit ihm zur Herrlichkeit führen. Denn dies sagen wir euch nach einem Wort des Herrn: Wir, die Lebenden, die noch übrig sind, wenn der Herr kommt, werden den Verstorbenen nichts voraushaben.
Denn der Herr selbst wird vom Himmel herabkommen, wenn der Befehl ergeht, der Erzengel ruft und die Posaune Gottes erschallt. Zuerst werden die in Christus Verstorbenen auferstehen; dann werden wir, die Lebenden, die noch übrig sind, zugleich mit ihnen auf den Wolken in die Luft entrückt, dem Herrn entgegen. Dann werden wir immer beim Herrn sein.
Tröstet also einander mit diesen Worten!
(1 Thess 4,13-18)

Augenblick der Stille

Lassen wir unsere Herzen vor Gott zur Ruhe kommen und nehmen wir das Leben unserer/unseres Schwester/Bruders in die liebende Erinnerung hinein und gedenken wir ihrer/seiner in Stille.

Gesätz vom Rosenkranz

Beten wir zu Gott, unserem Vater, zu Jesus Christus, unserem Bruder, und zum Heiligen Geist, unserem Beistand und Trost, auf die Fürsprache Mariens. Möge sie unsere Nöte und unsere Trauer vor ihren Sohn tragen, damit uns Trost und Heil zuteil werden.

Wir bekennen miteinander unseren Glauben

Ich glaube an Gott, den Vater, den Allmächtigen, den Schöpfer des Himmels und der Erde, und an Jesus Christus, seinen eingeborenen Sohn, unseren Herrn, empfangen durch den Heiligen Geist, geboren von der Jungfrau Maria, gelitten unter Pontius Pilatus, gekreuzigt, gestorben und begraben, hinabgestiegen in das Reich des Todes, am dritten Tage auferstanden von den Toten, aufgefahren in den Himmel; er sitzt zur Rechten Gottes, des allmächtigen Vaters; von dort wird er kommen zu richten die Lebenden und die Toten.
Ich glaube an den Heiligen Geist, die heilige katholische Kirche, Gemeinschaft der Heiligen, Vergebung der Sünden, Auferstehung der Toten und das ewige Leben. Amen.

V: Vater unser im Himmel, geheiligt werde dein Name, dein Reich komme, dein Wille geschehe, wie im Himmel so auf Erden.

A: Unser tägliches Brot gib uns heute und vergib uns unsere Schuld, wie auch wir vergeben unseren Schuldigern, und führe uns nicht in Versuchung, sondern erlöse uns von dem Bösen.
Denn dein ist das Reich und die Kraft und die Herrlichkeit in Ewigkeit. Amen.

V: Gegrüßet seist du, Maria, voll der Gnade, der Herr ist mit dir, du bist gebenedeit unter den Frauen und gebenedeit ist die Frucht deines Leibes, Jesus, *der wiederkommen wird in Herrlichkeit.*

A: Heilige Maria, Mutter Gottes, bitte für uns Sünder, jetzt und in der Stunde unseres Todes.
Amen.

V: Ehre sei dem Vater und dem Sohn*
und dem Heiligen Geist.

A: Wie im Anfang so auch jetzt und alle Zeit*
und in Ewigkeit.
Amen.

Gemeinsames Gebet

V: Herr, du hast uns das Leben geschenkt, damit wir es in dieser Welt und in dieser Zeit gestalten. Du hast es uns anvertraut und ihm dennoch Grenzen gesetzt.
Dieses Leben hast du uns aber auch gegeben, um dich, Gott, zu suchen. Du hast dich uns in Jesus Christus gezeigt, und oft wollen oder können wir dich nicht sehen, spüren und erfahren. Dennoch bist du uns nahe und neben uns.

A: Öffne unsere Augen, unsere Ohren und unsere Herzen, dass wir dich suchen, auch in unserer Trauer und in unseren Tränen, die uns in dieser Stunde gefangen halten.

V: Im Tod aber werden wir dich finden. Im Augenblick unseres Sterbens stehen wir vor dir, Gott, und du zeigst uns deine Liebe und deine Barmherzigkeit, die unseren menschlichen Verstand übersteigt. Dann werden wir erkennen, dass du der Gott des Lebens bist.

A: Hilf uns, dich wirklich zu finden. Stärke unseren Glauben an dich, dass das Leben und die Liebe stärker sind als aller Tod. Stärke unser Vertrauen, dass, wenn wir dich gefunden haben, der Tod keine Macht mehr haben wird.

V: In der Ewigkeit werden wir dich dann besitzen und nie mehr verlieren. Im ewigen Leben dürfen wir dich dann sehen, wie du wirklich bist, und ein Leben ohne Grenzen und in deiner liebenden und gütigen Nähe verbringen. Dann wird sich all das erfüllen, was du uns verheißen hast und was wir in menschlicher Schwachheit und in Zweifel geglaubt haben.

A: Schenke uns heute und alle Tage unseres Lebens die Kraft, dass wir an dieses Leben bei dir und mit dir glauben und hoffen können, wo all unsere Wunden dieses Lebens und dieser Zeit geheilt sind und wir dich in Ewigkeit besitzen werden. Amen.

Trostgedanken

Die Facetten des menschlichen Lebens haben unterschiedliche Seiten. Wir erleben das Geborenwerden und das Heranwachsen eines Kindes mit Freude – das Leben pulsiert und schreitet voran.

Wir erleben aber auch das Sterben und den Tod eines Menschen als Verlust – das Leben geht zu Ende und steht auf einmal still.

Aber beides gehört zusammen, beides prägt unser Leben, und wir müssen uns diesen Lebensströmen stellen. Davonlaufen oder uns davor drücken können wir nicht.

Wer sich dem Tod stellt, der stellt sich dann auch dem Leben, weil seit Ostern der Tod nicht mehr das letzte Wort hat, sondern das Leben.

Das Leben hält noch vieles für uns bereit, was wir in diesen Augenblicken der Trauer noch nicht erahnen.

Gott lässt uns in unserer Trauer nicht alleine – seine Lebensgeschenke sind es, die uns neue Perspektiven eröffnen und das Leben wieder lebenswert machen.

Unser gebrochenes Herz, das jetzt noch mit Trauer erfüllt ist, macht Gott wieder heil, und er stärkt uns mit dem, was wir zum Leben brauchen.

Fürbitten

Gott des Trostes und der Hoffnung. Unsere menschlichen Kräfte sind zu schwach, um unser Leben in dieser Zeit und in dieser Welt alleine zu tragen. Im Vertrauen auf deinen Beistand beten wir:

Die Zeit, dich zu suchen, ist dieses Leben.
Hilf uns, dass wir für unser Leben die richtigen Entscheidungen treffen und unser Leben so gestalten, wie es vor dir recht ist. Gott, unser Vater.

Die Zeit, dich zu finden, ist der Tod.
Lass uns ohne Angst dem Tag entgegengehen, an dem wir vor dir stehen und dich für immer schauen werden. Gott, unser Vater.

Die Zeit, dich zu besitzen, ist die Ewigkeit.
Schenke unserer/unserem verstorbenen Schwester/Bruder … das ewige Leben in deiner Herrlichkeit. Gott, unser Vater.

Unsere Welt ist oft unbarmherzig und lieblos.
Erfülle die Herzen der Menschen mit Barmherzigkeit und Liebe, damit alle Menschen in Frieden und Ruhe miteinander leben können. Gott, unser Vater.

Viele in unserer Gesellschaft haben einen Blick für ihre Mitmenschen. Lohne das Engagement aller, die sich für alte, kranke, leidende, sterbende und schwache Menschen einsetzen. Gott, unser Vater.

Der Tod ist das Tor zum ewigen Leben.
Stärke unseren Glauben an die Auferstehung. Gott, unser Vater.

Gott, du Herr über das Leben und über den Tod. Höre uns und begleite uns durch diese Tage und durch diese Zeit mit deiner Gegenwart und Liebe, der du mit dem Sohn und dem Heiligen Geist lebst und Leben schenkst in alle Ewigkeit.

Vaterunser

Alle unsere Bitten können wir zusammenfassen in dem einen Gebet, das Jesus, der Herr, uns zu beten gelehrt hat: Vater unser …

Schlussgebet

Herr und Gott. Es war dein Wille, dass wir in dieses Leben eingetreten sind. Du hast uns die Möglichkeit geschenkt, dich in diesem Leben zu suchen, und uns den Glauben gegeben, dass wir dich im Tod finden können. Wir bitten für unsere(n) Schwester/Bruder …, dass sie/er dich nun nach dieser Zeit und nach diesem Leben für immer in deiner ewigen Herrlichkeit besitzen kann. Verzeihe ihr/ihm alle ihre/seine Sünden und lohne ihr/ihm all das, was sie/er auf Erden Gutes getan hat. Durch Jesus Christus, unseren Herrn.

Segensgebet

V: Zum Abschluss unseres gemeinsamen Betens bitten wir den Herrn um seinen Segen:

Es segne uns Gott, der Herr über Leben und Tod, der uns in dieses Leben gestellt hat.

A: Herr, sei uns nahe und segne uns.

V: Es segne uns Gott, der Herr über Leben und Tod, der uns mit seinem Wort und seinem Trost in diesem Leben begleitet.

A: Herr, sei uns nahe und segne uns.

V: Es segne uns Gott, der Herr über Leben und Tod, der unser Leben kennt und uns Zukunft schenkt.

A: Herr, sei uns nahe und segne uns.

V: Es segne uns Gott, der Herr über Leben und Tod, im Namen des Vaters und des Sohnes und des Heiligen Geistes.

A: Amen.

V: Gehen wir nun hin in Frieden.

A: Dank sei Gott, dem Herrn.

ICH STERBE NICHT,
ICH GEHE INS LEBEN EIN

Wir beten für unsere Verstorbenen
im Jahreskreis III

Vorbeter(in)
Im Namen des Vaters und des Sohnes und des Heiligen Geistes.

Alle: Amen.

Einleitungsworte des/der Vorbeters(-in)

Es ist eine gute und alte Tradition, dass sich die Christen am Vorabend des Tages, an dem sie ihre Toten zu Grabe geleiten, zum Gebet versammeln. Deswegen sind auch wir in dieser Stunde heute Abend zusammengekommen, um für unsere(n) verstorbene(n) Schwester/Bruder ... zu beten. Unser(e) Schwester/Bruder ist in diesen Tagen von uns gegangen und wir empfehlen sie/ihn der Liebe und der Barmherzigkeit Gottes an. Die heilige Theresia von Lisieux hat drei Monate vor ihrem Tod bekannt: „Ich sterbe nicht, ich gehe ins Leben ein." Sie war ganz von dem Glauben überzeugt, dass das Leben bei Gott eine Wirklichkeit ist, die allen getauften Christen zuteil wird.
Am 9. Juni 1897 hat sie in einem ihrer Briefe an einen Priester geschrieben: „Ich möchte Ihnen tausend Dinge sagen, die ich verstehe, weil ich am Tor zur Ewigkeit stehe. Doch ich sterbe nicht, ich gehe ins Leben ein." Diese beiden Sätze klingen wie ein letztes

Testament, gesprochen, durchlitten und erkämpft von einem jungen Menschen von erst 24 Jahren. So kann nur jemand reden, der in seinem Leben Erfahrungen gemacht hat, weil er auf eine innige und einzigartige Weise aus dem Glauben und in der Verbundenheit mit Gott gelebt hat. Das große Lebensmotto dieser bewundernswerten Heiligen hieß „Nur die Liebe zählt!“ Und genau das ist es, was wir in dieser Stunde in unserem Gebet vor Gott bringen wollen: Die Liebe, die unser(e) liebe(r) Verstorbene(r) in ihr/sein Leben für uns investiert und eingebracht hat. Und so ist auch über den Tod hinaus die Liebe eine Brücke, die uns weiterhin mit ihr/ihm verbindet. Es ist die Brücke der Liebe von der Erde hinein in die Ewigkeit.
Gerade in einer Zeit, in der wir um einen lieben Menschen trauern und weinen, fällt dieser Glaube schwer. Wir wollen miteinander und füreinander beten, dass dieser Glaube auch uns erfüllt, und bitten Gott für unsere(n) Schwester/Bruder ..., die/der nun für immer bei ihm ist.

So möchte ich stellvertretend für Ihre(n) liebe(n) Verstorbene(n) beten:

> Wenn wir im Tode leiblich zerfallen,
> sind wir im Geiste schon jenseits der Schwelle
> ewiger Nacht.
>
> Denn in der Quelle lebenden Wassers
> tauchte uns Christus bei unsrer Taufe
> in seinen Tod.
>
> Sind wir im Sterben mit ihm begraben,
> wissen wir gläubig, dass auch sein Ostern
> er mit uns teilt.

Ehre dem Vater, Ehre dem Sohne,
ihm, der im Geiste Leben und Rettung
ewig uns schenkt.
Amen.

Gemeinsames Psalmengebet *(nach Ps 18)*

Öffnen wir unsere Herzen und beten wir miteinander zu Gott.

V: Du führst mich hinaus ins Weite; du machst meine Finsternis hell.

A: Du führst mich hinaus ins Weite; du machst meine Finsternis hell.

V: Ich will dich rühmen, Herr, meine Stärke,*
Herr, du mein Fels, meine Burg, mein Retter,

A: mein Gott, meine Feste, in der ich mich berge,*
mein Schild und sicheres Heil, meine Zuflucht.

V: Mich umfingen die Fesseln des Todes,*
mich erschreckten die Fluten des Verderbens.

A: In meiner Not rief ich zum Herrn*
und schrie zu meinem Gott.

V: Er griff aus der Höhe herab und fasste mich,*
zog mich heraus aus gewaltigen Wassern.

A: Er führte mich hinaus ins Weite,*
er befreite mich, denn er hatte an mir Gefallen.

V: Du, Herr, lässt meine Leuchte erstrahlen,*
mein Gott macht meine Finsternis hell.

A: Mit dir erstürme ich Wälle,*
mit meinem Gott überspringe ich Mauern.

V: Du schaffst meinen Schritten weiten Raum,*
meine Knöchel wanken nicht.

A: Darum will ich dir danken, Herr, vor den Völkern,*
ich will deinem Namen singen und spielen.

V: Ehre sei dem Vater und dem Sohn*
und dem Heiligen Geist.

A: Wie im Anfang so auch jetzt und alle Zeit*
und in Ewigkeit. Amen.

A: Du führst mich hinaus ins Weite; du machst meine Finsternis hell.

Aus dem heiligen Evangelium nach Johannes

In jener Zeit, als Jesus in Betanien ankam, fand er Lazarus schon vier Tage im Grab liegen. Betanien war nahe bei Jerusalem, etwa fünfzehn Stadien entfernt.
Viele Juden waren zu Marta und Maria gekommen, um sie wegen ihres Bruders zu trösten. Als Marta hörte, dass Jesus komme, ging sie ihm entgegen, Maria aber blieb im Haus. Marta sagte zu Jesus: Herr, wärst du hier gewesen, dann wäre mein Bruder nicht gestorben. Aber auch jetzt weiß ich: Alles, worum du Gott bittest, wird Gott dir geben.
Jesus sagte zu ihr: Dein Bruder wird auferstehen. Marta sagte zu ihm: Ich weiß, dass er auferstehen wird bei der Auferstehung am Letzten Tag. Jesus erwiderte ihr: Ich bin die Auferstehung und das Leben. Wer an mich glaubt, wird leben, auch wenn er stirbt, und jeder, der lebt und an mich glaubt, wird auf ewig nicht sterben. Glaubst du das?
Marta antwortete ihm: Ja, Herr, ich glaube, dass du

der Messias bist, der Sohn Gottes, der in die Welt kommen soll.
(Joh 11,17-27)

Augenblick der Stille

In einem Augenblick der Stille wollen wir die Worte des Evangelisten bedenken und das Leben unserer/ unseres verstorbenen Schwester/Bruders ... Gott, dem Herrn über Leben und Tod, überlassen.

Meditation

Wie schwer es ist, einen geliebten Menschen loszulassen, ihn sterben zu sehen, ja, seinem Tod zu überlassen, das erfahren wir dann, wenn der Tod in unser Leben einbricht. Wie hart und brutal dieser Tod sein kann, spüren wir vor allem in unserem Innern, denn der Tod hat zumindest einen solchen Einfluss auf unser menschliches Leben, dass er uns aus den Bahnen werfen, uns in ein tiefes Loch reißen und unseren Alltag lähmen kann. Wir spüren dann unsere Ohnmacht diesem Tod gegenüber.
Doch wollen wir uns als Christen dieser Ohnmacht nicht aussetzen, sondern wir wollen uns dieser Ohnmacht stellen und dem Tod das Leben gegenüberstellen. Das dürfen wir seit der Auferstehung Jesu tun, weil wir wissen, dass der Tod ja wirklich nicht das letzte Wort in der Schöpfung hat, sondern, dass es das Leben ist. Wir tun dies in dieser Stunde, in der wir für unsere(n) Schwester/Bruder ... beten.
Auch sollen uns die Worte aus dem eben gehörten Johannesevangelium Mut machen und uns trösten. Jedes Mal, wenn ein geliebter Mensch stirbt, befinden wir uns in Betanien. Betanien ist aber nicht nur ein

Ort des Todes, sondern ein Ort des Lebens. Christus ist auch heute noch unsere einzige Hoffnung an das Leben und er schenkt das neue Leben, das aus diesem Leben einmündet in das endgültige und immerwährende Leben bei Gott. Er ist die Auferstehung und das Leben. Wer an ihn glaubt, wird leben, auch wenn er stirbt, und jeder, der lebt und an ihn glaubt, wird auf ewig nicht sterben. Das ist nicht nur der Glaube der Marta und der vielen Menschen in der Kirchengeschichte gewesen, sondern das ist auch heute noch der Glaube und auch die Gewissheit der Christen.
Wer dieser Botschaft Jesu traut, wer sie glaubt, dem können die Todesmacht und Todeskraft nichts antun, weil diese an Ostern durch die Kraft und Macht Gottes ein für alle Mal besiegt worden sind. Aus dieser österlichen Hoffnung dürfen auch wir leben und Kraft schöpfen für unsere Zukunft. Und in diesem Sinne können wir beten: Herr, gib unserer/unserem verstorbenen Schwester/Bruder … das neue Leben bei dir und lass sie/ihn dein Angesicht schauen für immer.

Gemeinsames Gebet

V: Gott, im Sterben eines uns nahe stehenden Menschen erfahren wir, dass wir keine Macht über das Leben haben.
Du allein bist es, der über Anfang und Ende bestimmt.

A: Gott, uns wird Angst und Bange, wenn wir erleben, wie endgültig und unwiderruflich das Sterben eines Menschen ist.
Doch du weißt, was für uns gut ist.

V: Gott, du schenkst den Menschen die Gabe der gegenseitigen Liebe und Zuneigung. Der Tod trennt und scheidet. Das ist schmerzhaft und manchmal unerträglich.
Doch du bist der Tröster in der Not und lässt Wunden heilen.

A: Gott, du lässt Menschen auch in jungen Jahren sterben. Und lässt hochbetagte Menschen, die des Lebens überdrüssig sind, am Leben.
Doch du, Herr, weißt, wann es für den Einzelnen Zeit ist.

V: Gott, du hast die Zeit unseres irdischen Daseins begrenzt. Unsere Gesundheit ist anfällig und zerbrechlich. Unser Leib wird alt und schwach.
Doch das ist nicht das Ende. Du lässt uns zu Tisch sitzen in deinem Reich.[12]

(Josef Scharl)

Trostgedanken

Einen geliebten Menschen zu verlieren macht das Herz schwer, es macht uns sprachlos, und wir verlieren die Orientierung. Das Leben bleibt stehen - die Räder unseres Lebens stehen still.

Um unsere Trauer zu verstehen, müssen wir uns Zeit nehmen. Wir müssen uns selbst Zeit schenken, damit unser Herz verstehen kann, welch kostbaren Menschen wir verloren haben, welch wunderbarer Mensch mit seinen vielen Qualitäten, mit seiner Güte und Menschenfreundlichkeit von uns gegangen ist.

Die Liebe ist es, die uns mit unseren lieben Verstorbenen verbindet. Es ist jene Liebe, die größer und stärker ist als der Tod, weil sie nie endet. Die Liebe ist die Brücke zwischen Zeit und Ewigkeit. Die Liebe ist die Brücke, die von dieser Welt hineinführt in die Ewigkeit.

So darf auch unser(e) liebe(r) Verstorbene(r) in unseren Herzen weiterleben. Es ist das Weiterleben der liebenden Erinnerung, die nur uns gehört für Zeit und Ewigkeit.

Kurze Stille

Haben wir keine Angst, denn Angst lähmt.
Haben wir keine Angst, denn Angst macht ohnmächtig.
Haben wir keine Angst, denn Angst macht blind.
Haben wir keine Angst, denn Angst macht taub.
Haben wir keine Angst, denn Angst macht stumm.
Haben wir keine Angst, denn Angst macht einsam.
Haben wir keine Angst, denn Angst macht krank.

Haben wir keine Angst, denn Angst quält unser Herz.
Haben wir keine Angst, denn Angst nimmt uns Zeit.
Haben wir keine Angst, denn Angst zerstört den Glauben.
Haben wir keine Angst, denn Angst raubt alle Hoffnung.
Haben wir keine Angst, denn Angst vertreibt die Liebe.

Haben wir keine Angst, denn Angst löscht die Erinnerung.
Haben wir keine Angst, denn Angst übersieht Spuren.
Haben wir keine Angst, denn Angst verdunkelt die Seele.
Haben wir keine Angst, denn Angst verhindert das Leben.

Haben wir vielmehr Mut, denn das Leben ist lebenswert.
Haben wir unerschütterliches Vertrauen in den Gott der Liebe.

Fürbitten

Im fürbittenden Gebet wenden wir uns an Gott und bitten ihn:

Schenke unserer/unserem verstorbenen Schwester/ Bruder … das ewige Leben.
Herr, erhöre uns.

Gib den Familienangehörigen und allen, die trauern, Tost und Kraft.
Herr, erhöre uns.

Schütze alle Menschen, die in Not und Gefahr sind.
Herr, erhöre uns.

Stärke die Frauen und Männer, die in Krankenhäusern, Altenheimen, Sozialstationen und in ihren Häusern alte, kranke und sterbende Menschen pflegen.
Herr, erhöre uns.

Erfülle die Priester und Diakone mit deinem Geist, damit sie die Botschaft der Auferstehung und des Lebens glaubwürdig verkünden.
Herr, erhöre uns.

Führe alle unsere Verstorbenen hinein in das Leben bei dir und lass sie uns in dankbarer Erinnerung bleiben.
Herr, erhöre uns.

Herr, erhöre unsere Bitten, heile alle Wunden unseres Herzens und schenke uns deinen Frieden. Durch Christus, unseren Herrn.

Vaterunser

Wenden wir uns zu Gott, unserem Vater, der uns und unsere Herzen kennt, und vertrauen wir uns ihm und seiner Liebe an: Vater unser …

Gebet

Gott kennt unsere Herzen und er weiß, wie es uns geht. So können wir durch Jesus Christus zu unserem himmlischen Vater beten:

Christus, seit dem Ostermorgen bist du der Lebende und gibst du uns Leben. Du kommst uns entgegen auf den Straßen unseres Menschseins. Deine Gegenwart macht jeden Tag unseres Lebens hell. Du machst, dass uns das Herz brennt, wenn der Weg hart und wenn es Abend wird.
Vermehre den Glauben deines Volkes an dich, denn du bist der Weg, die Wahrheit und das Leben. Und erfülle uns mit deinem Frieden.[13]

Segensgebet

Gottes Segen möge uns begleiten und niemals von uns weichen.
Er sei uns nahe und behüte uns.
Er stille unsere Tränen und unseren Schmerz und tröste unsere Herzen.
Er schenke uns seinen Frieden und führe uns hinein in das Leben.
Im Namen des Vaters und des Sohnes und des Heiligen Geistes. Amen.

V: Gelobt sei Jesus Christus.

A: In Ewigkeit. Amen.

DIE CHÖRE DER ENGEL MÖGEN DICH GELEITEN

Wir beten für ein verstorbenes Kind

Vorbeter(in)
Im Namen des Vaters und des Sohnes und des Heiligen Geistes.

Alle: Amen.

Einleitungsworte des/der Vorbeters(-in)

Wir stehen in einer Stunde, die voller Schmerz, Verzweiflung und sprachloser Hilflosigkeit geprägt ist, in einer Stunde, die nicht schmerzlicher sein könnte. Wir beklagen und trauern um das Kind ..., das seinen Eltern und uns allen genommen wurde, und rufen zu Gott, der allein weiß, warum. Wir verstehen seinen Willen und seine Wege mit uns Menschen nicht, wir sind ratlos und die Eltern von ... haben die Mitte, den Sonnenschein ihres Lebens, verloren.
Möge das Kind ... von Gottes Engeln aufgenommen sein, mögen seine heiligen Engel es geleitet haben hinein in das unendliche und ewige Leben in Gottes himmlisches Reich, wo es für immer bei dem Gott ist, der ihm das Leben geschenkt und es ihm jetzt wieder genommen hat.
Wir ringen und suchen in diesem Augenblick, in dem wir hier bei Gott sind, nach Worten und nach Trost. Wir erwarten die Heilung unserer gebrochenen Herzen und unserer Seele, wir bitten so inständig darum, dass unsere Wunden tief in unserer Seele

mit dem Trost verbunden werden, den wir jetzt so sehr nötig haben. So rufen wir in unserer Not zu Gott, der uns das Leben gibt und der unser ganzes menschliches Elend kennt und auch annimmt. Wir schreien in unserem Innern zu Gott und doch hört er uns. Wir dürfen jetzt und in der kommenden Zeit wirklich darauf vertrauen, dass er uns nicht alleine lässt, dass er an unserer Seite geht und uns nicht alleine lässt. Wenn es uns auch so unsagbar schwerfällt, an ihn zu glauben und seinen Willen anzunehmen, so wollen wir doch das Kind … ihm, dem lebendigen und gütigen Gott, anvertrauen.

Stellvertretend für Sie, die Sie trauern, möchte ich nun zu Gott für uns alle beten:

Wir bitten dich für uns selbst,
die durch den Tod so vieler Menschen
geprüft und angefochten werden.
Dass wir uns nicht dem Schmerz überlassen,
dass er uns nicht den Atem nimmt und einsam macht.
Gib, dass wir wieder Mut fassen,
uns diesem Leben anzuvertrauen.

Für alle, die blindlings weitermachen
und ihren Schmerz nicht mehr zulassen können,
dass sie aufgerichtet werden
in ihrer Verzweiflung.

Für alle, die leben müssen
mit einem leeren Platz an ihrer Seite,
für alle, die trauern
um ein Kind, das sie verloren haben,
um einen Freund, der jetzt in ihrem Kreise fehlt,
um einen Verlust, für den es keine Worte gibt.

Für alle, die durch Krankheit
von ihrer Umgebung ausgeschlossen sind
und auf sich selber zurückgeworfen.
Für alle, die in Streit mit anderen leben
und keinen Ausweg sehen.

Für alle, die entmutigt sind
durch die Härte der Menschen,
dass sie das Lebenslicht nicht hassen,
dass sie das Böse
nicht für stärker halten als das Gute,
sondern ihr Herz ohne Verbitterung
offenhalten in Hoffnung und Erwartung.

Und für alle, die sterben,
ohne dass jemand um sie trauert,
für alle, die verloren gingen
in Krieg oder Gefangenschaft,
für alle, die zu Tode vereinsamt sind:

Du mögest sie hören
und in deinem Herzen bewahren.[14]

Wir wollen nicht verzagen und in Mutlosigkeit verfallen, sondern jetzt zu Gott beten, dass er unser Gebet annimmt.

Gemeinsames Psalmengebet *(nach Ps 8)*

V: Herr, unser Herrscher, wie gewaltig ist dein Name auf der ganzen Erde.

A: Herr, unser Herrscher, wie gewaltig ist dein Name auf der ganzen Erde.

V: Herr, unser Herrscher, /
wie gewaltig ist dein Name auf der ganzen Erde;*
über den Himmel breitest du deine Hoheit aus.

A: Aus dem Mund der Kinder und Säuglinge schaffst du dir Lob, /
deinen Gegnern zum Trotz;*
deine Feinde und Widersacher müssen verstummen.

V: Seh' ich den Himmel, das Werk deiner Finger,*
Mond und Sterne, die du befestigt:

A: Was ist der Mensch, dass du an ihn denkst,*
des Menschen Kind, dass du dich seiner annimmst?

V: Du hast ihn nur wenig geringer gemacht als Gott,*
hast ihn mit Herrlichkeit und Ehre gekrönt.

A: Du hast ihn als Herrscher eingesetzt über das Werk deiner Hände,*
hast ihm alles zu Füßen gelegt.

V: Herr, unser Herrscher,*
wie gewaltig ist dein Name auf der ganzen Erde!

A: Ehre sei dem Vater und dem Sohn*
und dem Heiligen Geist.

V: Wie im Anfang so auch jetzt und alle Zeit*
und in Ewigkeit. Amen.

A: Herr, unser Herrscher, wie gewaltig ist dein Name auf der ganzen Erde.

Der Evangelist Markus berichtet uns

Da brachte man Kinder zu ihm, damit er ihnen die Hände auflegte. Die Jünger aber wiesen die Leute schroff ab. Als Jesus das sah, wurde er unwillig und sagte zu ihnen: Lasst die Kinder zu mir kommen;

hindert sie nicht daran! Denn Menschen wie ihnen gehört das Reich Gottes. Amen, das sage ich euch: Wer das Reich Gottes nicht so annimmt wie ein Kind, der wird nicht hineinkommen. Und er nahm die Kinder in seine Arme; dann legte er ihnen die Hände auf und segnete sie.
(Mk 10,13-16)

Augenblick der Stille

Versuchen wir unsere innere Unruhe und all das, was unser Herz aufgescheucht hat, in der Stille in Gottes Hände zu legen. Lassen wir uns an diesem heiligen Ort die Ruhe schenken, die Gott zu geben vermag, und empfehlen wir das Kind ... seiner unendlichen Güte und Liebe.

Meditation

Liebe Eltern von ..., liebe trauernde Geschwister, liebe Familienangehörigen! Wir vertrauen Ihnen in dieser Stunde eine Geschichte an, die Ihnen vielleicht einige Ihrer Fragen zu beantworten und einen kleinen Trost zu schenken vermag. Es ist das Märchen vom Tränenkrüglein:

Das Kind einer Mutter war gestorben. Ein Mädchen noch jung an Jahren. Schwer krank war es plötzlich geworden und hatte die Krankheit nicht überlebt. Gelähmt vor Schreck und Trauer wusste die Mutter die erste Zeit nicht, was sie machen sollte. Dann brach es aus ihr heraus, und sie weinte Tag und Nacht. Sie aß nichts mehr. Sie schloss sich von der Außenwelt ab. Mehrere Wochen ging das so. Dann, eines Nachts, hatte sie einen Traum: Ihr verstorbenes

Kind stand am Ende ihres Bettes, in den Händen hielt es ein Krüglein. „Liebe Mutter", sagte es, „es geht mir gut dort, wo ich jetzt bin. Ich fühle mich wohl. Hier, in diesem Krug, sind alle deine Tränen, die du um mich geweint hast. Ich habe sie alle gesammelt. Als Zeichen, dass du auch jetzt mit mir verbunden bist. Der Krug ist nun reichlich gefüllt. Du brauchst nicht mehr zu weinen." Dann verschwand das Mädchen. Die Mutter wusste fortan, dass es ihrem Kind gut ging und dass ihre Trauer nicht umsonst war. Gewiss: Immer wieder gab es Momente, da weinte sie noch. Aber die Traurigkeit, aus der die Tränen entsprangen, hatte sich in eine gewisse Zuversicht gewandelt.[15]

Stille

Gesätz vom Rosenkranz

Maria hat das Schicksal eines toten Kindes an ihrem eigenen Leib erfahren und weiß um unsere Not und unsere Fragen, vertrauen wir ihr das Kind … und uns selber mit unserem Leben an und lassen wir uns im Beten zu ihr trösten.

Wir bekennen miteinander unseren Glauben

Ich glaube an Gott, den Vater, den Allmächtigen, den Schöpfer des Himmels und der Erde, und an Jesus Christus, seinen eingeborenen Sohn, unseren Herrn, empfangen durch den Heiligen Geist, geboren von der Jungfrau Maria, gelitten unter Pontius Pilatus, gekreuzigt, gestorben und begraben, hinabgestiegen in das Reich des Todes, am dritten Tage auferstanden

von den Toten, aufgefahren in den Himmel; er sitzt zur Rechten Gottes, des allmächtigen Vaters; von dort wird er kommen zu richten die Lebenden und die Toten.
Ich glaube an den Heiligen Geist, die heilige katholische Kirche, Gemeinschaft der Heiligen, Vergebung der Sünden, Auferstehung der Toten und das ewige Leben. Amen.

V: Vater unser im Himmel, geheiligt werde dein Name, dein Reich komme, dein Wille geschehe, wie im Himmel so auf Erden.

A: Unser tägliches Brot gib uns heute und vergib uns unsere Schuld, wie auch wir vergeben unseren Schuldigern, und führe uns nicht in Versuchung, sondern erlöse uns von dem Bösen.
Denn dein ist das Reich und die Kraft und die Herrlichkeit in Ewigkeit. Amen.

V: Gegrüßet seist du, Maria, voll der Gnade, der Herr ist mit dir, du bist gebenedeit unter den Frauen und gebenedeit ist die Frucht deines Leibes, Jesus, *der uns das Reich Gottes verkündet hat.*

A: Heilige Maria, Mutter Gottes, bitte für uns Sünder, jetzt und in der Stunde unseres Todes. Amen.

V: Ehre sei dem Vater und dem Sohn*
und dem Heiligen Geist.

A: Wie im Anfang so auch jetzt und alle Zeit*
und in Ewigkeit. Amen.

Trostgedanken

Unbegreiflicher Gott!
Ja, Gott, du bist für uns wirklich unbegreiflich. Denn wir können und wollen deinen Willen nicht verstehen. Undurchschaubar sind uns deine Pläne. Sie kommen uns vor wie eine Strafe. Doch wofür und wozu?
Gib uns eine Antwort, damit wir damit leben können.

Unfassbarer Gott!
Was du uns angetan hast, können und wollen wir nicht akzeptieren. Nein und nochmals nein! So wie uns der Tod dieses unschuldigen Kindes unfassbar ist und bleiben wird, so unfassbar bist du uns geworden.
Hilf uns, dass wir unser Schicksal tragen und ertragen können.

Unbegreiflicher Gott!
Immer wieder hast du in die Lebensgeschichten von Menschen heilend eingegriffen und deine Liebe und Menschenfreundlichkeit gezeigt.
Wende dich in diesen Stunden in Güte und in Barmherzigkeit auch uns zu, damit wir leben können.

Unfassbarer Gott!
Jesus Christus, dein Sohn, hat Menschen geheilt und ihnen neue Hoffnung geschenkt, hat ihnen Leben ermöglicht und neue Orientierung gegeben.
Sei auch uns nahe! Jetzt, wo wir dich so sehr brauchen. Sei uns nahe, damit wir nicht an diesem Leben, das du ja gegeben und geschenkt hast, verzweifeln.

Unbegreiflicher Gott!
Heile auch unsere Herzen, die gebrochen sind, und lass uns dich erfahren, lass uns jetzt und in der kommenden Zeit deine Nähe spüren.

Lass uns begreifen, dass auch dieser Tod einen Sinn hat und wir unser Leben wieder in die Hand nehmen können. Lass uns begreifen, dass auch unser Leben einen Sinn hat!

Fürbitten

Gütiger und Leben spendender Gott, wir stehen vor dir. Hilflos mussten wir das Sterben und den Tod dieses Kindes … hinnehmen und bitten in dieser Stunde um deine Hilfe, indem wir zu dir beten:

Deine heiligen Engel mögen das Kind … an die Hand nehmen und es in deinen Himmel hinein begleiten, damit es für immer bei dir und mit dir lebt. Herr, erhöre unser Gebet.

Schenke den Eltern von …, ihren/seinen Geschwistern und Verwandten deinen Beistand und führe sie durch die kommende Zeit, damit sie diesen Tod verkraften können. Herr, erhöre unser Gebet.

Erfülle alle Eltern, die sich um ihre Kinder sorgen und denen ihre Kinder Probleme bereiten, mit Güte, Geduld und Liebe, damit ihre Zuwendung Frucht bringt. Herr, erhöre unser Gebet.

Gib den Wissenschaftlern und allen, die in der Medizin forschen, Einsicht und Erkenntnis, dass sie sich für das Leben einsetzen und hilf ihnen ethisch und moralisch zu handeln. Herr, erhöre unser Gebet.

Öffne die Herzen all derer, die in Kirche, Staat und Gesellschaft für ihre Mitmenschen Verantwortung tragen, damit sie ihrem Auftrag gerecht werden und im christlichen Sinne ihre Entscheidungen treffen. Herr, erhöre unser Gebet.

Nimm alle, mit denen wir verbunden waren und die mit uns gelebt haben, in dein Reich des Lichtes und des Friedens auf und gib ihnen die ewige Geborgenheit. Herr, erhöre unser Gebet.

Du allein, Herr, vermagst unsere Herzen zu trösten und unseren Seelen Ruhe zu verschaffen. Heile alle unsere Wunden, die uns schmerzen und bedrücken. Nimm alles von uns, was uns am wahren Leben hindert und erfülle unser Leben mit all dem, was nur du uns zu geben vermagst, nämlich Heil und Segen. Höre unser Gebet, der du mit dem Vater und dem Sohn lebst und liebst in alle Ewigkeit.

Vaterunser

Beten wir nun miteinander zu Gott, unserem Vater, wie Jesus uns zu beten gelehrt hat: Vater unser …

Schlussgebet

Herr, du hast uns an unsere menschlichen Grenzen geführt. Warum nur? Du hast uns unser Kind genommen, das doch eigentlich ein Recht auf Leben hatte. Unsere Herzen sind erfüllt von Trauer, von Wut, Unverständnis und Klagen.
Gott, wo bist du? Wo warst du, als unser Kind starb? Warum hast du diesen Tod zugelassen?
Kannst du uns einen solchen Trost geben, dass wir unser Leben wieder in die Hand nehmen und gestalten können? Gib uns die Kraft und den Halt, dass wir wieder Freude am Leben finden und wieder lachen und feiern können. Lass uns deine Nähe und deine Liebe erfahren, dass wir über diesen unsäglichen Schmerz kommen, heile alle unsere Wunden und schenke uns Zeichen, dass unser Kind nun in deinen

guten Händen ist und bei dir auf ewig lebt. Allein darum bitten wir, durch Christus, deinen Sohn, unseren Herrn und Bruder, der mit dir lebt und liebt in alle Ewigkeit.

Segensgebet

V: Erbitten wir nun Gottes Segen für unseren weiteren Weg:

V: Der Herr ist in unserer Mitte. Er bleibt bei uns, wenn wir auseinander gehen. Er bleibt bei uns auf unseren Wegen durch die Tage: Dann sind es Wege, die zum Vater führen. Sein Reich wird kommen und uns retten von Not und Tod.

A: Es segne uns der Vater, der uns erschaffen hat.

V: Es behüte uns der Sohn, der für uns am Kreuz gelitten hat.

A: Es erleuchte uns der Heilige Geist, der in uns lebt und wirkt.
Im Namen des Vaters und des Sohnes und des Heiligen Geistes. Amen.[16]

V: Gehen wir hin in Frieden.

A: Dank sei Gott, dem Herrn.

ICH HABE DICH BEI DEINEM NAMEN GERUFEN

Wir beten für unsere verstorbenen Priester/Diakone/Ordensleute

Vorbeter(in)
Im Namen des Vaters und des Sohnes und des Heiligen Geistes.

Alle: Amen.

Einleitungsworte des/der Vorbeters(-in)

Unser(e) Bruder/Schwester ... hat sein/ihr Leben als Priester/Diakon/Bruder/Schwester uneingeschränkt und in ganzer Hingabe in den Dienst Gottes und seiner Kirche (und in die Gemeinschaft der ...) gestellt. Mit ungeteiltem Herzen wollte er/sie Christus, der ihn/sie durch die Taufe und die Heilige Weihe / durch die Ewigen Gelübde in seine Nachfolge berufen hat, dienen und den Menschen Zeugnis von der Hoffnung geben, die ihn/sie selber ein ganzes Leben lang erfüllt hat. Gott hat ihn/sie bei seinem/ihrem Namen gerufen und ihm/ihr für immer zugesagt: „Ich habe dich bei deinem Namen gerufen, du gehörst mir."
In dieser Stunde, in der wir in christlicher Hoffnung und Zuversicht trauern, wissen wir in unserem Glauben aber auch, dass er/sie das neue Leben bei Gott gefunden hat. Und so wollen wir ihn/sie Gott zurückgeben und für ihn/sie beten, dass unser(e) Bruder/Schwester ... im Augenblick seines/ihres

Todes vor Gott stehen und bestehen kann. Wir tun dies im Glauben, in der Hoffnung und in der Liebe, die uns mit ihm/ihr verbindet und danken Gott dafür, dass er/sie uns als Priester/Diakon/Ordensbruder/Ordensschwester geschenkt hat und wir mit ihm/ihr in der Kirche und in unserer Gemeinde/Gemeinschaft leben durften. Sein/ihr Wirken aus der Kraft der Christusverbundenheit und sein/ihr Glaubenszeugnis sind uns Auftrag und Verpflichtung zugleich, unser Leben nach der Frohen Botschaft auszurichten. Wir wissen uns ihm/ihr über diesen Abschied hinaus dankbar verbunden und werden ihm/ihr in unserem Herzen einen Platz bewahren, bis wir uns im ewigen Leben wiedersehen werden.
Stellvertretend für alle, die in dieser Stunde für unseren Bruder, den/die Priester/Diakon/Ordensbruder/Ordensschwester … beten, spreche ich das Nachtgebet der Kirche, das er/sie immer wieder in seinem/ihrem Leben gebetet und sich dem Herrn anvertraut hat:

Christus, göttlicher Herr,
dich liebt, wer nur Kraft hat zu lieben:
unbewusst, wer dich nicht kennt;
sehnsuchtsvoll, wer um dich weiß.

Christus, du bist meine Hoffnung,
mein Friede, mein Glück, all mein Leben:
Christus, dir neigt sich mein Geist;
Christus, dich bete ich an:

Christus, an dir halte ich fest
mit der ganzen Kraft meiner Seele:
dich, Herr, lieb' ich allein –
suche dich, folge dir nach.

Gemeinsames Psalmengebet *(nach Ps 110)*

V: Jesus Christus, du bist Priester auf ewig, Herr und König zur Rechten Gottes des Vaters.

A: Jesus Christus, du bist Priester auf ewig, Herr und König zur Rechten Gottes des Vaters.

V: So spricht der Herr zu meinem Herrn:/
Setze dich mir zur Rechten,*
und ich lege dir deine Feinde als Schemel unter die Füße.

A: Vom Zion strecke der Herr das Zepter deiner Macht aus:*
„Herrsche inmitten deiner Feinde!"

V: Dein ist die Herrschaft am Tag deiner Macht,*
wenn du erscheinst in heiligem Schmuck;

A: ich habe dich gezeugt noch vor dem Morgenstern,*
wie den Tau in der Frühe.

V: Der Herr hat geschworen, und nie wird's ihn reuen:*
Du bist Priester auf ewig nach der Ordnung Melchisedeks.

A: Der Herr steht dir zur Seite;*
er zerschmettert Könige am Tage seines Zornes.

V: Er trinkt aus dem Bach am Weg;*
so kann er von Neuem das Haupt erheben.

A: Ehre sei dem Vater und dem Sohn*
und dem Heiligen Geist.

A: Wie im Anfang so auch jetzt und alle Zeit*
und in Ewigkeit. Amen.

A: Jesus Christus, du bist Priester auf ewig, Herr und König zur Rechten Gottes des Vaters.

Lesung aus dem alttestamentlichen Buch Jesaja:

So spricht der Herr, der dich geschaffen hat, Jakob, und der dich geformt hat, Israel: Fürchte dich nicht, denn ich habe dich ausgelöst, ich habe dich beim Namen gerufen, du gehörst mir.
Wenn du durchs Wasser schreitest, bin ich bei dir, wenn durch Ströme, dann reißen sie dich nicht fort. Wenn du durchs Feuer gehst, wirst du nicht versengt, keine Flamme wird dich verbrennen.
Denn ich, der Herr, dein Gott, ich, der Heilige Israels, bin dein Retter.
(Jes 43,1-3a)

Augenblick der Stille

Denken wir in einem Augenblick der Stille an unsere(n) liebe(n) verstorbene(n) Bruder/Schwester ... und danken wir ihm/ihr und Gott, dass er/sie unter uns gelebt und gewirkt hat.

Gesätz vom Rosenkranz

Maria, die Mutter Jesu, ist unserem/unserer Bruder/ Schwester im Leben eine enge Begleiterin und Fürsprecherin gewesen. Aus der Verbundenheit mit der Gottesmutter und unserem/unserer Verstorbenen wenden wir uns in gleichem Vertrauen in dieser Stunde wiederum an Maria und bitten um ihre Fürsprache für den/die Priester/Diakon/Ordensbruder/Ordensschwester ... und beten zu ihr.

Wir bekennen miteinander unseren Glauben

Ich glaube an Gott, den Vater, den Allmächtigen, den Schöpfer des Himmels und der Erde, und an Jesus Christus, seinen eingeborenen Sohn, unseren Herrn, empfangen durch den Heiligen Geist, geboren von der Jungfrau Maria, gelitten unter Pontius Pilatus, gekreuzigt, gestorben und begraben, hinabgestiegen in das Reich des Todes, am dritten Tage auferstanden von den Toten, aufgefahren in den Himmel; er sitzt zur Rechten Gottes, des allmächtigen Vaters; von dort wird er kommen zu richten die Lebenden und die Toten.
Ich glaube an den Heiligen Geist, die heilige katholische Kirche, Gemeinschaft der Heiligen, Vergebung der Sünden, Auferstehung der Toten und das ewige Leben. Amen.

V: Vater unser im Himmel, geheiligt werde dein Name, dein Reich komme, dein Wille geschehe, wie im Himmel so auf Erden.

A: Unser tägliches Brot gib uns heute und vergib uns unsere Schuld, wie auch wir vergeben unseren Schuldigern, und führe uns nicht in Versuchung, sondern erlöse uns von dem Bösen.
Denn dein ist das Reich und die Kraft und die Herrlichkeit in Ewigkeit. Amen.

V: Gegrüßet seist du, Maria, voll der Gnade, der Herr ist mit dir, du bist gebenedeit unter den Frauen und gebenedeit ist die Frucht deines Leibes, Jesus, *der in seiner Kirche lebt und wirkt.*

A: Heilige Maria, Mutter Gottes, bitte für uns Sünder, jetzt und in der Stunde unseres Todes.
Amen.

V: Ehre sei dem Vater und dem Sohn*
und dem Heiligen Geist.

A: Wie im Anfang so auch jetzt und alle Zeit*
und in Ewigkeit. Amen.

Trostgedanken

Wir haben einen Glauben,
der uns das verheißt, was unser wahres Leben ausmacht, Ewigkeit, Leben in Gottes Nähe, Geborgenheit in seiner Liebe, einbezogen in die Gemeinschaft der Heiligen, aufgehoben in einer Heimat, die uns niemand mehr nehmen kann.

Wir haben eine Hoffnung,
die einen Namen trägt: Jesus Christus, der von den Toten auferstandene Herr. Diese Hoffnung ist uns geschenkt, unverdient, einmalig und unverlierbar. Es ist eine Hoffnung, die von Anfang an in uns durch unsere Taufe grundgelegt ist und die uns immer wieder von Neuem zum Leben ermutigt.

Wir haben eine Liebe,
die ein Gesicht hat: Jesus Christus, der Mensch gewordene Sohn des Vaters. Gottes Liebe dürfen wir in diesem Leben erfahren und weiterverschenken. Es ist die Liebe, die nicht rechnet, die unberechenbar ist, weil sie für jeden Menschen bestimmt ist. Es ist jene Liebe, die sich seit Jesus Christus wie ein goldener Faden durch die Geschichte der Menschheit zieht.

Wir haben eine Gnade,
die durch die Kraft des Heiligen Geistes in uns lebt und wirkt. Es sind die vielfältigen Gnadengaben, die eingesetzt sind, um das Gesicht dieser geschundenen

und unheilen Welt zu erneuern und zu heilen. Es ist die Gnade, die alle gebrochenen Herzen und alle Wunden der Menschen zu heilen vermag, weil sie stärker ist als alle anderen Heilmittel.

Wir haben eine Sehsucht in uns,
die uns aus allen unseren Ängsten befreit, deren Glanz den Schatten des Todes verschwinden lässt und uns zu Siegern erhebt, weil sie unerschütterlich ist und sie uns Gottes Kraft sichtbar macht: strahlendes und helles Licht trotz Dunkelheit und Verzweiflung.

In der Gemeinschaft mit der ganzen Kirche beten wir in der Hoffnung auf die Auferstehung

V: In deine Hände lege ich voll Vertrauen meinen Geist. Du hast mich erlöst, Herr, du treuer Gott.

A: In deine Hände lege ich voll Vertrauen meinen Geist. Du hast mich erlöst, Herr, du treuer Gott.

V: Nun lässt du, Herr, deinen Knecht, *
wie du gesagt hast, in Frieden scheiden.

A: Denn meine Augen haben das Heil gesehen,*
das du vor allen Völkern bereitet hast,

V: ein Licht, das die Heiden erleuchtet,*
und Herrlichkeit für dein Volk Israel.

A: Ehre sei dem Vater und dem Sohn*
und dem Heiligen Geist.

V: Wie im Anfang so auch jetzt und alle Zeit*
und in Ewigkeit. Amen.

A: In deine Hände lege ich voll Vertrauen meinen Geist. Du hast mich erlöst, Herr, du treuer Gott.

Fürbitten

Unser(e) verstorbene(r) Bruder/Schwester … war ein getreuer Verwalter Gottes und darf deswegen teilnehmen an der Freude seines/ihres Herrn. Im Vertrauen und in der Freude auf das ewige Leben beten wir:

Für unsere(n) Bruder/Schwester …, den/die du durch die Taufe und die Heilige Weihe / Ewigen Gelübde in deine Nachfolge berufen hast. Lohne ihm/ihr seine/ihre Treue und Liebe, die er/sie in diesem Leben zu deiner Ehre gelebt hat.
Du Gott der Liebe.

Für die Familienangehörigen, die Mitbrüder/Mitschwestern, Verwandten, Freunde und für alle Weggefährten, die ihm/ihr nahe und zur Seite standen. Schenke ihnen den Trost und den Geist, den nur du zu geben vermagst, und führe sie in deiner Kraft.
Du Gott der Liebe.

Für all die Menschen, die ihm/ihr anvertraut waren und die ihn/sie in seinem/ihrem Dienst unterstützt haben. Behüte und bewahre sie in deiner Liebe und Zuneigung.
Du Gott der Liebe.

Für unseren Papst **N.**, unseren Bischof **N.**/unsere(n) Generaloberen(-in) und für alle, die in der Kirche ein Amt bekleiden. Entzünde in ihnen von Neuem den Geist, den du ihnen geschenkt hast.
Du Gott der Liebe.

Für die jungen Frauen und Männer, die sich zu einem Dienst in der Nachfolge berufen fühlen. Erwecke in ihnen die Bereitschaft, dir mit ungeteiltem Herzen in Treue und in Freude zu dienen.
Du Gott der Liebe.

Für alle Familien in unserer Pfarrgemeinde und für alle Menschen, die mit unserem/unserer Verstorbenen in Berührung gekommen sind. Erfülle ihre Herzen mit der Kraft deiner Botschaft, dass sie in Frieden, Harmonie und Liebe miteinander leben und füreinander da sein können.
Du Gott der Liebe.

Für all jene Menschen, die sich von dir und der Kirche abgewandt haben. Bewahre sie vor falschen Vorstellungen und Ideologien und öffne ihre Herzen für deine befreiende Botschaft.
Du Gott der Liebe.

Für alle unsere Verstorbenen, besonders für jene, mit denen wir über dieses Leben hinaus verbunden sind. Lass sie in deiner Nähe Ruhe und Frieden finden und teilnehmen an deiner Freude.
Du Gott der Liebe.

Gütiger Gott, in der Auferstehung deines Sohnes hast du die Welt mit großer Hoffnung und Freude erfüllt. Schenke allen, die dir dienen, deine Gnade und das neue und wunderbare Leben in deiner ewigen Herrlichkeit. Durch Christus, Jesus, unseren Herrn und Bruder, der mit dir und dem Heiligen Geist lebt und Leben schenkt in alle Ewigkeit.

Vaterunser

In Einheit und in Gemeinschaft mit der Kirche beten wir zu Gott, unserem Vater, wie Jesus seine Jünger und die Kirche zu beten gelehrt hat: Vater unser …

Schlussgebet

Herr und Gott, du hast uns Menschen dieses Leben geschenkt und uns in der Taufe bei unserem Namen gerufen und wir gehören dir. Vollende du, was wir in unserer Unvollkommenheit und unserer menschlichen Schwachheit gefehlt haben, und ergänze das, was unser(e) Bruder/Schwester ... in seinem/ihrem Leben nicht mehr zu Ende bringen konnte, mit deiner Gnade. Stärke unseren Glauben, unsere Hoffnung und unsere Liebe zu dir und unseren Mitmenschen und lass uns das Geheimnis der Auferstehung immer tiefer erfassen. Durch Christus, unseren Herrn.

A: Amen.

Gemeinsames Segensgebet

V: Gott, der Herr über Leben und Tod, hat uns bei unserem Namen gerufen und wir gehören ihm.
Er begleite uns auf allen unseren Wegen, damit wir das Ziel unseres Lebens erreichen.

A: Gott, der Herr über Leben und Tod, hat uns in der Taufe das ewige Leben geschenkt.
Er begleite uns durch den Tod und schenke uns das neue und unverlierbare Leben.

V: Gott, der Herr über Leben und Tod, hat uns sein befreiendes Wort gegeben zu unserem Heil.
Er begleite uns in den Stunden unserer Not und Trauer, er trockne unsere Tränen und heile alle unsere Wunden.

A: Gott, der Herr über Leben und Tod, geht mit uns an der Seite, so wie er mit den Jüngern nach Emmaus gegangen ist.

Er begleite uns alle Tage unseres Lebens, er deute uns unser Leben und stärke unseren Glauben an die Auferstehung.

V: Gott, der Herr über Leben und Tod, lasse uns nicht allein, er möge sich uns offenbaren, wenn wir an ihm zweifeln.
Er begleite uns mit seinem Segen: Im Namen des Vaters und des Sohnes und des Heiligen Geistes.

A: Amen.

V: Lasst uns nun gehen in seinem Frieden.

A: Dank sei Gott, dem Herrn.

GOTT KENNT UNSEREN SCHMERZ

Wir beten für unsere Verstorbenen, die durch einen Unfall ums Leben gekommen sind

Vorbeter(in)
Im Namen des Vaters und des Sohnes und des Heiligen Geistes.

Alle: Amen.

Einleitungsworte des/der Vorbeters(-in)

Wir sind zusammen, weil wir auf tragische Weise einen geliebten Menschen verloren haben, dem wir uns verbunden fühlen und den wir mit seinem Leben in dieser Stunde dem Herrn über Leben und Tod anvertrauen wollen. Auch wir wollen uns in unserer Not und in unserer tiefen Trauer Gott anvertrauen und ihn für uns um seinen Trost und um Heil bitten. Unser Leben hat sich von einer Sekunde zur anderen verändert und ist gelähmt – wir befinden uns in einem Ausnahmezustand und wissen nicht mehr weiter. Wir schreien unsere Fragen hinaus in diese Welt und wir suchen nach einer Antwort auf diese schreckliche Frage „Warum?“ Wir wissen unsere(n) liebe(n) verstorbene(n) Schwester/Bruder … bei Gott, wo sie/er nun ein neues und immerwährendes Leben gefunden haben wird. In der Auferstehung Jesu ist ihr/sein ganzes Menschenleben nun erlöst. Unser(e) Schwester/Bruder … ist für immer von allen Wunden geheilt, auch von der tiefsten Wunde

des Todes. Das mag uns trösten, wenn wir jetzt für sie/ihn beten und sie/ihn bei Gott geborgen und aufgehoben wissen.
Dennoch dürfen wir in unserer Trauer und Lähmung nicht stehen bleiben, sondern wir müssen aufstehen und in ihrem/seinem Sinne unser Leben weiterführen. Dies mag sicherlich nicht leicht sein, aber im Glauben an den, der trotz Tod alles neu machen kann, wird auch unser Leben eine Zukunft haben.

Lassen wir uns von folgenden Worten ansprechen:

> Aufstehn! Hin zum Licht. Auferstehen.
> Neu werden mit neuen Gedanken und einem neuen Herzen.
>
> Steh auf aus der Nacht deiner Mutlosigkeit und deiner Lebensmüdigkeit zu einem neuen Menschen voller Sonne, voller Vögel und Blumen.
>
> Komm heraus aus dem Winterschlaf deines freudlosen Daseins zu einem neuen Frühling voller neuem Licht und neuen Horizonten.
>
> Erhebe dich und steh auf!
> Wenn Gott schon in jedes Blatt eines Baumes Auferstehung geschrieben hat, um wie viel mehr auch in dein armes Menschenherz!
>
> Tritt gläubig ein in das magische Feld eines Gottes, der Liebe ist und der in der Auferstehung Jesu unsere Auferstehung ankündigt.
> Dann wirst du durch alle dunklen Tunnels hindurch so viel Licht, so viel Leben,
> so viel Freude finden, dass du bis in dein tiefstes Wesen spüren wirst:
> Auf der Erde hat der Himmel begonnen.[17]

Gott kennt unser Leben, er kennt unseren Schmerz. Wenn wir uns ihm anvertrauen, wird er sich uns annehmen und uns das geben, was wir jetzt für unser Leben brauchen. Beten wir miteinander zu ihm, dass wir die Kraft finden, dieses Kreuz anzunehmen und es auch zu tragen.

Gemeinsames Psalmengebet *(Ps 142)*

V: Herr, erhebe dich; hilf uns und mach uns frei.

A: Herr, erhebe dich; hilf uns und mach uns frei.

V: Mit lauter Stimme schrei ich zum Herrn,*
laut flehe ich zum Herrn um Gnade.

A: Ich schütte vor ihm meine Klagen aus,*
eröffne ihm meine Not.

V: Wenn auch mein Geist in mir verzagt,*
du kennst meinen Pfad.

A: Auf dem Weg, den ich gehe,*
legten sie mir Schlingen.

V: Ich blicke nach rechts und schaue aus,*
doch niemand ist da, der mich beachtet.

A: Mir ist jede Zuflucht genommen,*
niemand fragt nach meinem Leben.

V: Herr, ich schreie zu dir,
ich sage: Meine Zuflucht bist du,*
mein Anteil im Land der Lebenden.

A: Vernimm doch mein Flehen,*
denn ich bin arm und elend.

V: Meinen Verfolgern entreiß mich;*
sie sind viel stärker als ich.

A: Führe mich heraus aus dem Kerker,*
damit ich deinen Namen preise.

V: Die Gerechten scharren sich um mich,*
weil du mir Gutes tust.

A: Ehre sei dem Vater und dem Sohn*
und dem Heiligen Geist.

V: Wie im Anfang so auch jetzt und alle Zeit*
und in Ewigkeit. Amen.

A: Herr, erhebe dich; hilf uns und mach uns frei.

Aus dem Heiligen Evangelium nach Matthäus

In jener Zeit sprach Jesus: Ich preise dich, Vater, Herr des Himmels und der Erde, weil du all das den Weisen und Klugen verborgen, den Unmündigen aber offenbart hast. Ja, Vater, so hat es dir gefallen.
Mir ist von meinem Vater alles übergeben worden; niemand kennt den Sohn, nur der Vater, und niemand kennt den Vater, nur der Sohn und der, dem es der Sohn offenbaren will.
Kommt alle zu mir, die ihr euch plagt und schwere Lasten zu tragen habt. Ich werde euch Ruhe verschaffen.
Nehmt mein Joch auf euch und lernt von mir; denn ich bin gütig und von Herzen demütig; so werdet ihr Ruhe finden für eure Seele. Denn mein Joch drückt nicht, und meine Last ist leicht.
(Mt 11,25-30)

Augenblick der Stille

Treten wir ein in einen Raum der Stille, in dem wir unserer/unserem Schwester/Bruder ... noch einmal begegnen und unsere gemeinsame Zeit, unsere Liebe, unsere Verbundenheit und unsere Freundschaft in unseren Herzen und Gedanken vorüberziehen lassen. Lassen wir die Ruhe in uns wirken und übergeben wir das Leben von ... dem Herrn über Leben und Tod und übergeben wir auch ihm unsere Last, damit er unsere gebrochenen Herzen und unsere Wunden zu heilen vermag.

Gesätz vom Rosenkranz

Mitten in unserem Leid und unseren Tränen wenden wir uns an Maria, die Gottesmutter, die alles Leid und allen Schmerz dieser Welt selber erfahren und getragen hat. Im Blick auf Gottes unbegreiflichen Willen ist sie in ihrem Leben weitergegangen und hat die Auferstehung und das neue Leben ihres Sohnes leibhaftig erfahren. Sie kennt und versteht alle unsere menschlichen Nöte und deswegen dürfen wir sie anrufen und auf ihre Fürsprache hoffen. Vertrauen wir uns ihr jetzt an.

Wir bekennen miteinander unseren Glauben

Ich glaube an Gott, den Vater, den Allmächtigen, den Schöpfer des Himmels und der Erde, und an Jesus Christus, seinen eingeborenen Sohn, unseren Herrn, empfangen durch den Heiligen Geist, geboren von der Jungfrau Maria, gelitten unter Pontius Pilatus, gekreuzigt, gestorben und begraben, hinabgestiegen in das Reich des Todes, am dritten Tage auferstanden von den Toten, aufgefahren in den Himmel; er sitzt zur Rechten Gottes, des allmächtigen Vaters; von dort wird er kommen zu richten die Lebenden und die Toten.
Ich glaube an den Heiligen Geist, die heilige katholi-

sche Kirche, Gemeinschaft der Heiligen, Vergebung der Sünden, Auferstehung der Toten und das ewige Leben. Amen.

V: Vater unser im Himmel, geheiligt werde dein Name, dein Reich komme, dein Wille geschehe, wie im Himmel so auf Erden.

A: Unser tägliches Brot gib uns heute und vergib uns unsere Schuld, wie auch wir vergeben unseren Schuldigern, und führe uns nicht in Versuchung, sondern erlöse uns von dem Bösen.
Denn dein ist das Reich und die Kraft und die Herrlichkeit in Ewigkeit. Amen.

V: Gegrüßet seist du, Maria, voll der Gnade, der Herr ist mit dir, du bist gebenedeit unter den Frauen und gebenedeit ist die Frucht deines Leibes, Jesus, *der für uns gekreuzigt worden ist.*

A: Heilige Maria, Mutter Gottes, bitte für uns Sünder, jetzt und in der Stunde unseres Todes. Amen.

V: Ehre sei dem Vater und dem Sohn*
und dem Heiligen Geist.

A: Wie im Anfang so auch jetzt und alle Zeit*
und in Ewigkeit. Amen.

Trostgedanken

Der 1906 in Breslau geborene evangelische Theologe Dietrich Bonhoeffer hat in einem am 19. Dezember 1944 datierten Brief, wenige Tage vor dem Ende seines Lebens, im Berliner Gefängnis ein Gedicht geschrieben, das in dieser Stunde für uns eine Trostbotschaft sein kann:

„Von guten Mächten treu und still umgeben,
behütet und getröstet wunderbar, so will ich diese Tage mit euch leben und mit euch gehen in ein neues Jahr;

noch will das alte unsre Herzen quälen,
noch drückt uns böser Tage schwere Last.
Ach Herr, gib unsern aufgeschreckten Seelen
das Heil, für das Du uns geschaffen hast.

Und reichst Du uns den schweren Kelch, den bittern,
des Leids, gefüllt bis an den höchsten Rand,
so nehmen wir ihn dankbar ohne Zittern
aus Deiner guten und geliebten Hand.

Doch willst Du uns noch einmal Freude schenken
an dieser Welt und ihrer Sonne Glanz,
dann woll'n wir des Vergangenen gedenken,
und dann gehört Dir unser Leben ganz.

Lass warm und hell die Kerzen heute flammen,
die Du in unsre Dunkelheit gebracht,
führ, wenn es sein kann, wieder uns zusammen!
Wir wissen es, Dein Licht scheint in der Nacht.

Wenn sich die Stille nun tief um uns breitet,
so lass uns hören jenen vollen Klang
der Welt, die unsichtbar sich um uns weitet,
all Deiner Kinder hohen Lobgesang.

Von guten Mächten wunderbar geborgen
erwarten wir getrost, was kommen mag.
Gott ist bei uns am Abend und am Morgen
und ganz gewiss an jedem neuen Tag."

Fürbitten

Gott, du kennst unseren Schmerz und unsere Trauer. Wir sind zu dir gekommen, um für unsere(n) verstorbene(n) Schwester/Bruder zu beten und deinen Trost für die trauernde Familie und die trauernden Freunde zu erbitten. Wir rufen zu dir:

Für die hier versammelte Familie, die Freunde und Verwandten unserer/unseres Schwester/Bruders …, deren Leben sich so plötzlich verändert hat und die nun deine Hilfe und deinen Beistand brauchen. Gott der Hoffnung, steh ihnen bei.

Für all die Menschen, die an diesem schrecklichen Unfall beteiligt waren und die sich Vorwürfe machen und keine innere Ruhe mehr finden. Gott der Hoffnung, steh ihnen bei.

Für die Menschen, die den trauernden Angehörigen in den nächsten Tagen begegnen und ihnen Tost und Ermutigung zusprechen. Gott der Hoffnung, steh ihnen bei.

Für die Ärzte, das Krankenpflegepersonal, für die Polizei und die Notfallseelsorger und für alle, die sich für Unfallopfer einsetzen und Leben zu retten versuchen. Gott der Hoffnung, steh ihnen bei.

Für alle Unfallopfer, deren Leben gerettet wurde und die behindert und mit Einschränkungen leben und auf die Hilfe ihrer Mitmenschen angewiesen sind. Gott der Hoffnung, steh ihnen bei.

Für unsere(n) Schwester/Bruder …, die/der gerne noch gelebt hätte und noch so viele Ziele für ihr/sein Leben hatte, dass sie/er nun das ewige Leben und die ewige Ruhe in deinem Reich gefunden hat. Gott der Hoffnung.

Barmherziger und gütiger Gott, höre unsere Bitten und nimm all unseren Schmerz und die Trauer, die unser Leben verändert hat, an. Lass uns darin nicht versinken, hole uns heraus aus dem Dunkel und der Leere, versöhne uns mit dir und mit denen, die Schuld auf sich geladen haben, und erfülle unser Leben mit neuer Hoffnung und neuem Sinn. Darum bitten wir dich, der du uns Menschen doch so sehr liebst, heute und in Ewigkeit.

Vaterunser

Wenn uns die Worte fehlen und wir selber nicht mehr beten können, so dürfen wir uns dennoch an Gott, unseren Vater, den Herrn über alles Leben und allen Tod, wenden und so miteinander und füreinander sprechen: Vater unser …

Gemeinsames Schlussgebet

V: Wir danken dir für diesen Menschen, für diese(n) Frau/Mann, die/der uns so vertraut und kostbar gewesen und die/der so plötzlich weggefallen ist aus unserer Welt.

A: Wir danken dir für die Freundschaft, die von ihr/ihm ausgegangen ist, und für den Frieden, den sie/er gebracht hat.

V: Wir bitten dich, dass nichts von diesem Menschenleben verloren gehe, dass all das, was sie/er gelebt und getan hat, dieser Welt zugute komme, dass all das, was ihr/ihm heilig war, geachtet werde von denen, die nach ihr/ihm kommen, und dass sie/er in allem, worin sie/er einzigartig war, weiter zu uns spreche, gerade jetzt, da sie/er gestorben ist.

A: Wir bitten dich, dass sie/er weiterleben darf in ihren/seinen Kindern, in deren Herzen und ihrem Mut zu leben, in ihren Gedanken und in ihrem Gewissen.[18]

Segensgebet

V: Der Herr sei vor uns,
um uns den rechten Weg zu zeigen.
Der Herr sei neben uns,
um uns in die Arme zu schließen,
um uns zu schützen vor Gefahren.

A: Der Herr sei hinter uns,
um uns zu bewahren vor der Heimtücke des Bösen.
Der Herr sei unter uns,
um uns aufzufangen, wenn wir fallen.

V: Der Herr sei mit uns,
um uns zu trösten, wenn wir traurig sind.
Der Herr sei um uns herum,
um uns zu verteidigen, wenn andere über uns herfallen.

A: Der Herr sei über uns,
um uns zu segnen.[19]

V: Und so trage uns durch diese Tage und durch die kommende Zeit mit seinem Segen und seinem Beistand: der Gott des Lebens, der Vater, der Sohn und der Heilige Geist.

A: Amen.

V: Lasst uns nun in Frieden gehen.

A: Dank sei Gott, dem Herrn.

ICH STEH VOR DIR MIT LEEREN HÄNDEN

Wir beten für unsere Verstorbenen, die ihr Leben nicht mehr annehmen konnten

Vorbeter(in)
Im Namen des Vaters und des Sohnes und des Heiligen Geistes.

Alle: Amen.

Einleitungsworte des/der Vorbeters(-in)

Sprachlos, erschöpft und in innerer Leere stehen wir in dieser Stunde hier vor Gott und wir tun uns schwer, die richtigen Worte zu finden. Unser Leben steht still und wir rufen und schreien nach Antworten auf die vielen Fragen, die uns seit Tagen quälen und nicht mehr loslassen. Unruhig ist unser Herz, leer ist es; schwach sind unsere Hände und ebenfalls leer. Nur der Herr weiß die Antworten und kennt das Warum. Uns bleibt nur auf seine Barmherzigkeit und seine grenzenlose Liebe zu vertrauen und unsere Herzen und Hände von seiner Güte wieder füllen zu lassen. Wir legen das Leben unserer/unseres Schwester/Bruders in seine Hände und vertrauen darauf, dass er dieses Leben so annimmt, wie es gewesen ist, und unsere(n) Schwester/Bruder nun bei ihm die Ruhe und den Frieden gefunden hat, die sie/er hier auf dieser Erde nicht finden konnte.
Mögen die Gedanken des folgenden Liedes uns Trost und Hilfe in dieser und den kommenden Stunden sein:

Ich steh vor dir mit leeren Händen, Herr:

Ich steh vor dir mit leeren Händen, Herr,
fremd wie dein Name sind mir deine Wege.
Seit Menschen leben, rufen sie nach Gott;
mein Los ist Tod, hast du nicht andern Segen?
Bist du der Gott, der Zukunft mir verheißt?
Ich möchte glauben, komm mir doch entgegen.

Ja, Herr, meine Hände und mein Herz sind leer geworden. Ich verstehe mich und dich nicht mehr. Ich schreie und frage: Warum?
Warum ein solcher Tod? Warum dieser Mensch? Warum hast du das zugelassen? Warum schlägt ausgerechnet uns dieses Schicksal? Warum, warum nur? Dein Name und deine Wege sind mir fremd geworden und ich verstehe dich nicht mehr. Warum dieser Tod und nicht dein Segen? Nimm mir meinen Unglauben und komm mir zu Hilfe.

Du hast unseren Namen in deine Hand geschrieben:

Von Zweifeln ist mein Leben übermannt.
Mein Unvermögen hält mich ganz gefangen.
Hast du mit Namen mich in deine Hand,
in dein Erbarmen fest mich eingeschrieben?
Nimmst du mich auf in dein gelobtes Land?
Werd ich dich noch mit neuen Augen sehen?

Gott, ich zweifle an dir und deiner Liebe. Du willst doch das Leben und nicht den Tod? Was ist dein Wille für uns?
Das Leben eines Menschen, der noch gebraucht worden wäre und der noch Ziele hatte, ist für immer erloschen. Einfach so, von einer Sekunde auf die andere. Unseren Namen hast du in deine Hand ge-

schrieben und wir sind in dieser Hand geborgen, auch in aller Aussichtslosigkeit und im Tod.
Nimm nun uns an deine Hand und führe uns, damit wir an diesem Leben nicht verzweifeln oder irregehen.

Gott, schenke uns Trost und befreie uns aus unserer Not:

> Sprich du das Wort, das tröstet und befreit
> und das mich führt in deinen großen Frieden.
> Schließ auf das Land, das keine Grenzen kennt,
> und lass mich unter deinen Kindern leben.
> Sei du mein täglich Brot, so wahr du lebst.
> Du bist mein Atem, wenn ich zu dir bete.

Gott, lass mich in meiner Not und Trauer nicht allein und bleibe nicht fern von mir. Wisch meine Tränen ab und öffne mein Herz und meine Augen, dass ich aufstehen und weitergehen kann. Verschließe mir nicht den Blick für mein Leben, denn es gibt auch für mich noch eine Zukunft. Ich möchte dankbar sein für die Vergangenheit und für alles Gemeinsame. Nimm meine Hilflosigkeit, meine Trauer und meine Fragen, meine Zweifel und auch meine Wut an als mein Gebet, denn ein anderes habe ich jetzt nicht. Schenke mir deinen Trost und befreie mich aus meiner Not und Angst. Nimm du mich nun an deine Hand und führe mich.

Gemeinsames Psalmengebet *(Ps 116)*

Beten wir nun zu Gott, der unsere Erschöpfung kennt und der uns aus unserer Not und Angst befreien will. Er allein kann unsere gebrochenen Herzen heilen.

V: Ich weiß, dass mein Erlöser lebt; er schafft mich neu.

A: Ich weiß, dass mein Erlöser lebt; er schafft mich neu.

V: Ich liebe den Herrn;*
denn er hat mein lautes Flehen gehört

A: und sein Ohr mir zugeneigt*
an dem Tag, als ich zu ihm rief.

V: Mich umfingen die Fesseln des Todes,
mich befielen die Ängste der Unterwelt,*
mich trafen Bedrängnis und Kummer.

A: Da rief ich den Namen des Herrn an:*
„Ach Herr, rette mein Leben!“

V: Der Herr ist gnädig und gerecht,*
unser Gott ist barmherzig.

A: Der Herr behütet die schlichten Herzen;*
ich war in Not, und er brachte mir Hilfe.

V: Komm wieder zur Ruhe, mein Herz!*
Denn der Herr hat dir Gutes getan.

A: Ja, du hast mein Leben dem Tod entrissen,
meine Tränen getrocknet,*
meinen Fuß bewahrt vor dem Gleiten.

V: So gehe ich meinen Weg vor dem Herrn*
im Land der Lebenden.

A: Ehre sei dem Vater und dem Sohn*
und dem Heiligen Geist.

V: Wie im Anfang so auch jetzt und alle Zeit*
und in Ewigkeit. Amen.

A: Ich weiß, dass mein Erlöser lebt; er schafft mich neu.

Im ersten Buch der Könige lesen wir

In jenen Tagen ging Elija eine Tagesreise weit in die Wüste hinein. Dort setzte er sich unter einen Ginsterstrauch und wünschte sich den Tod. Er sagte: Nun ist es genug, Herr. Nimm mein Leben; denn ich bin nicht besser als meine Väter. Dann legte er sich unter den Ginsterstrauch und schlief ein. Doch ein Engel rührte ihn an und sprach: Steh auf und iss! Als er um sich blickte, sah er neben seinem Kopf Brot, das in glühender Asche gebacken war, und einen Krug mit Wasser. Er aß und trank und legte sich wieder hin.
Doch der Engel des Herrn kam zum zweiten Mal, rührte ihn an und sprach: Steh auf und iss! Sonst ist der Weg zu weit für dich.
Da stand er auf, aß und trank und wanderte, durch diese Speise gestärkt, vierzig Tage und vierzig Nächte bis zum Gottesberg Horeb.
(1 Kön 19,4-8)

Augenblick der Stille

Lassen wir unsere Herzen zur Ruhe kommen und hören wir in der Stille auf die leise Stimme Gottes, die zu uns sprechen will, und öffnen wir unsere Augen für die Engel, die er uns schickt, um uns neue Kraft zu geben. Nehmen wir auch das Leben unserer/unseres Schwester/Bruders … in den Blick und hoffen wir auf das ewige Leben in Gottes Herrlichkeit.

Gesätz vom Rosenkranz

Verbinden wir uns mit Maria, der Mutter Gottes, die auch ihr Leid nicht fassen konnte, aber an Gottes Willen festhielt und ihm vertraute. Beten wir zu ihr, der Trösterin aller Betrübten und der Mutter der Hoffnung.

Bekennen wir miteinander unseren Glauben

Ich glaube an Gott, den Vater, den Allmächtigen, den Schöpfer des Himmels und der Erde, und an Jesus Christus, seinen eingeborenen Sohn, unseren Herrn, empfangen durch den Heiligen Geist, geboren von der Jungfrau Maria, gelitten unter Pontius Pilatus, gekreuzigt, gestorben und begraben, hinabgestiegen in das Reich des Todes, am dritten Tage auferstanden von den Toten, aufgefahren in den Himmel; er sitzt zur Rechten Gottes, des allmächtigen Vaters; von dort wird er kommen zu richten die Lebenden und die Toten.
Ich glaube an den Heiligen Geist, die heilige katholische Kirche, Gemeinschaft der Heiligen, Vergebung der Sünden, Auferstehung der Toten und das ewige Leben. Amen.

V: Vater unser im Himmel, geheiligt werde dein Name, dein Reich komme, dein Wille geschehe, wie im Himmel so auf Erden.

A: Unser tägliches Brot gib uns heute und vergib uns unsere Schuld, wie auch wir vergeben unseren Schuldigern, und führe uns nicht in Versuchung, sondern erlöse uns von dem Bösen.
Denn dein ist das Reich und die Kraft und die Herrlichkeit in Ewigkeit. Amen.

V: Gegrüßet seist du, Maria, voll der Gnade, der Herr ist mit dir, du bist gebenedeit unter den Frauen und gebenedeit ist die Frucht deines Leibes, Jesus, *der alles vollenden wird.*

A: Heilige Maria, Mutter Gottes, bitte für uns Sünder, jetzt und in der Stunde unseres Todes. Amen.

V: Ehre sei dem Vater und dem Sohn*
und dem Heiligen Geist.

A: Wie im Anfang so auch jetzt und alle Zeit*
und in Ewigkeit. Amen.

Trostgedanke

Beim Aufgang der Sonne
und bei ihrem Untergang
erinnern wir uns an sie.

Beim Wehen des Windes
und in der Kälte des Winters
erinnern wir uns an sie.

Beim Öffnen der Knospen
und in der Wärme des Sommers
erinnern wir uns an sie.

Beim Rauschen der Blätter
und in der Schönheit des Herbstes
erinnern wir uns an sie.

Zu Beginn des Jahres
und wenn das Jahr zu Ende geht,
erinnern wir uns an sie.

Wenn wir müde sind
und Kraft brauchen,
erinnern wir uns an sie.

Wenn wir verloren sind
und krank in unseren Herzen,
erinnern wir uns an sie.

Wenn wir Freude erleben,
die wir so gerne teilen würden,
erinnern wir uns an sie.

Solang wir leben, werden auch sie leben,
denn sie sind nun ein Teil von uns,
wenn wir uns an sie erinnern.[20]

Fürbitten

Gott, unser Vater. Wenn wir nicht mehr weiter können und am Boden liegen, kannst du uns aufrichten und uns eine neue Zukunft schenken. Wir bitten dich:

Für unsere(n) Schwester/Bruder ..., die/der ihr/sein Leben in dieser Zeit und auf dieser Erde beendet hat, schenke ihr/ihm nach ihrer/seiner Ruhelosigkeit und Erschöpfung das neue und ewige Leben bei dir.
Christus, Herr des Lebens, erhöre unser Gebet.

Schenke Trost und Frieden ihrer/seiner Familie und allen, die um sie/ihn trauern und öffne ihnen den Blick in die Zukunft.
Christus, Herr des Lebens, erhöre unser Gebet.

Nimm ihre Hilflosigkeit und Sprachlosigkeit an und stelle ihnen Engel an ihre Seite, die ihnen das Alltägliche zum Leben reichen, damit sie ihren Weg weitergehen können.
Christus, Herr des Lebens, erhöre unser Gebet.

Gib uns ein offenes Ohr und ein offenes Herz, um die Nöte und die Erschöpfung unserer Mitmenschen zu

sehen, und mache uns nicht blind für den Wert dieses Lebens.
Christus, Herr des Lebens, erhöre unser Gebet.

Fülle unsere Herzen und unsere Hände mit deiner Botschaft der Liebe und des Lebens und gib uns Antworten auf die Fragen, die uns quälen.
Christus, Herr des Lebens, erhöre unser Gebet.

Herr des Lebens und Gott der Liebe, höre unsere Sorgen und Nöte. Richte uns auf, damit wir an diesem Leben nicht irre werden und lass uns aufstehen und in Ruhe und Frieden miteinander leben, heute und bis in die Ewigkeit.

Vaterunser

Fassen wir unsere Gefühle, unser Denken, unser Hoffen und unsere Gebete in dem Gebet zusammen, das Jesus selber mit seinen Jüngern gebetet hat. Vater unser …

Schlussgebet

Gütiger Gott, wir haben uns dir in dieser Stunde anvertraut, wir bitten um deine Hilfe. Verwandele den Schrei unserer Trauer und Verzweiflung in Hoffnung und erfülle unsere Herzen und Hände mit deiner Liebe. Schenke uns deine Gnade, damit unsere Erschöpfung neue Zuversicht bekommt und die Kraft des Lebens in uns wieder Macht erhält. Gib uns Lebensmut und Gelassenheit, damit die Ängste von uns weichen und erhelle unsere menschlichen Nächte voll Kälte mit den Strahlen deines Lichtes, damit wir in einen neuen Tag eintreten können. Schenke uns Ruhe und Geduld, damit wir unser Leben so annehmen können, wie es ist. Darum bitten wir dich, durch Jesus Christus, deinen Sohn, der in den Tod gegangen und zum Leben auferstanden ist und der mit dem Heiligen Geist lebt und Leben schenkt in alle Ewigkeit.

Segensgebet

V: Der Gott der Liebe erfülle und umhülle Sie mit seinem Segen. Er lege seinen Frieden auf Sie und gieße seine Freude aus in Ihr Herz. Er schenke Ihnen Licht für den Weg und gebe Ihrem Gang Leichtigkeit und Behändigkeit.

A: Der Gott der Liebe beflügle unseren Schritt, er stütze uns, wenn wir wanken, und fange uns auf, wenn wir fallen. Er locke uns, wenn wir zaudern, und lasse unseren Weg zum Heimweg werden.

V: Der Gott der Liebe schütte aus über Sie und die Ihren seine bergende, heilende Liebe. Er wärme Sie, wenn die Herzenskälte der Umgebung Sie frieren macht. Er sei Ihnen nahe, wenn die Einsamkeit Sie gefangen und die Angst Sie umklammert hält.

A: So segne und begleite uns der Gott der Liebe, der Vater, der Sohn und der Heilige Geist. Amen.[21]

V: Gelobt sei Jesus Christus.

A: In Ewigkeit. Amen.

Anmerkungen

[1] Wir glauben an die Auferstehung der Toten. Fastenhirtenbrief 2007 von Bischof Dr. Reinhard Marx an die Gläubigen im Bistum Trier, Seite 5.
[2] Ebd., Seite 7.
[3] Benedikt XVI. Zeit der Gnade. Ein Adventskalender. Leipzig 2007, Seite 22.
[4] GOTTESLOB. Katholisches Gebet- und Gesangbuch [4]1985; Nr. 764,1-4.
[5] Joachim Wanke. Friede sei mit euch. Gedanken zu Advent und Weihnachten. Leipzig 2004, Seite 20.
[6] Johannes Paul II. Meine Gebete für euch. Freiburg 2004, S. 28.
[7] Barbara Rolf. Die Nacht ist voller Sterne, in: Angelika Daiker / Anton Seeberger (HG.). Zum Paradies mögen Engel dich geleiten. Rituale zum Abschiednehmen. Ostfildern 2007, 87.
[8] Anton Rotzetter. Gott, der mich atmen lässt. Freiburg [16]2001.
[9] Benedikt XVI. Der Kreuzweg unseres Herrn. Meditationen. Freiburg 2006, 71f.
[10] Pia Biehl. Mein Trauerbegleiter. Kath. Bibelwerk. Stuttgart 2007, Seite 54-55.
[11] Sonnengesang des hl. Franz von Assisi. Aus: Gebet für das ganze Leben. Leipzig 2004, Seite 280f.
[12] Josef Scharl. Alles hat seine Stunde, in: Angelika Daiker/Anton Seeberger (HG.). Zum Paradies mögen Engel dich geleiten. Rituale zum Abschiednehmen. Ostfildern 2007, 83.
[13] Jacques Gaillot. Folgt seiner Liebe. Freiburg 1992, 78.
[14] Huub Oosterhuis. Augen, die mich suchen. Gebete und Meditationen zum Abschied. Freiburg 2007, Seite 70f.
[15] Nach den Gebrüdern Grimm
[16] Nach: Herr, bleibe bei uns. Segenswünsche. Gebete für jeden Tag des Lebens. Leipzig 2007, 107f.
[17] Phil Bosmans. Frühling für die Seele. Ein Begleiter durch die Fasten- und Osterzeit. Freiburg 2007.
[18] Huub Oosterhuis. Augen, die mich suchen. Gebete und Meditationen zum Abschied. Freiburg 2007, Seite 62.

[19] Der irische Segensspruch ist abgewandelt entnommen aus: Begleitet von guten Mächten. Segensworte für ein ganzes Leben. Verlag Herder, Freiburg im Breisgau.
[20] Aus den „Toren des Gebets". Reformiertes jüdisches Gebetbuch.
[21] Vgl. Monika Nemetschek, in: Schattenseiten des Lebens – und wo bleibt Gott? Innsbruck 2005, S. 160.

Quellennachweis

Einheitsübersetzung der Heiligen Schrift © 1980 Katholische Bibelanstalt, Stuttgart

S. 27: „Sei hier zugegen, Licht unsres Lebens"; Zenetti, Lothar © Christophorus Verlag, Freiburg
S. 28: Aus: Joachim Wanke, Friede sei mit euch © St. Benno-Verlag Leipzig, www.st-benno.de
S. 33: „Für die Weinenden", entnommen aus: Johannes Paul II., Meine Gebete für euch, hrsg. von Franz Johna, aus dem Italienischen von Radbert Kohlhaas, S. 28 © Verlag Herder, Freiburg im Breisgau, 2. Auflage 2005
S. 37: Barbara Rolf, Wechselgebet, aus: Angelika Daiker / Anton Seeberger (Hg.), Zum Paradies mögen Engel dich geleiten. Rituale zum Abschiednehmen © Schwabenverlag, Ostfildern [2]2008, S. 86
S. 37/38: „Ich glaube". Entnommen aus: Anton Rotzetter, Gott, der mich atmen lässt, S. 86, © Verlag Herder, Freiburg im Breisgau / Anton Rotzetter, 17. Gesamtauflage 2002
S. 39: Benedikt XVI., „Der Kreuzweg unseres Herrn" © Libreria Editrice Vaticana
S. 45/46: Aus: Pia Biehl, Mein Trauer-Begleiter, © Verlag Katholisches Bibelwerk GmbH, Stuttgart 2007
S. 79/80: Josef Scharl, Wechselgebet, aus: Angelika Daiker / Anton Seeberger (Hg.), Zum Paradies mögen Engel dich geleiten. Rituale zum Abschiednehmen © Schwabenverlag, Ostfildern [2]2008, S. 83
S. 83: „Christus, seit dem Ostermorgen ...", entnommen aus: Jacques Gaillot, Folgt seiner Liebe, aus dem Französischen von Hanns-Werner Eichelberger © Verlag Herder, Freiburg im Breisgau 1992
S. 85/86: Entnommen aus: Huub Osterhuis, Augen, die mich suchen, aus dem Niederländischen von Brigitta Kasper-Heuermann © Verlag Herder GmbH, Freiburg im Breisgau 2007
S. 107: Textauszug aus „Auferstehung feiern". Entnommen aus: Phil Bosmans, Frühling für die Seele, hrsg. und aus dem Nieder-